Conflitos entre Sócios

Tatiana Marques Adoglio

ALMEDINA
BRASIL

Rio de Janeiro, 2025

Conflitos entre sócios

ISBN: 978-85-8493-778-3

Impresso no Brasil – 1ª Edição, 2025 – Edição revisada conforme o Acordo Ortográfico da Língua Portuguesa de 2009.

Dados Internacionais de Catalogação na Publicação (CIP)
(BENITEZ Catalogação Ass. Editorial, MS, Brasil)

A239c
1.ed. Adoglio, Tatiana Marques
Conflitos entre sócios / Tatiana Marques Adoglio. – 1.ed. – Rio de Janeiro : Almedina Brasil, 2025.
144 p.; 15,7 x 23 cm. – (Coleção monografias).

Bibliografia.
ISBN 978-85-8493-778-3

1. Conflitos (Resolução) – Direito. 2. Jurimetria. 3. Mediação de conflitos. 4. Sociedades – Leis e legislação – Brasil. I. Título. II. Série.

02-2025/09 CDU 347.918(81)

Índice para catálogo sistemático:
1. Brasil : Resolução de conflitos : Direito 347.918(81)
Aline Graziele Benitez – Bibliotecária – CRB-1/3129

Grupo Editorial Alta Books

Produção Editorial: Grupo Editorial Alta Books
Diretor Editorial: Anderson Vieira
Editora-Chefe: Manuella Santos de Castro
Editor Pleno: Aurélio Nogueira
Vendas Governamentais: Cristiane Mutüs
Gerência Comercial: Claudio Lima

Assistente Editorial: Andreza Moraes
Revisão: Christiano Sensi
Diagramação: Aurélio Corrêa

ALTA BOOKS
GRUPO EDITORIAL

Rua Viúva Cláudio, 291 – Bairro Industrial do Jacaré
CEP: 20.970-031 – Rio de Janeiro (RJ)
Tels.: (21) 3278-8069 / 3278-8419
www.altabooks.com.br – altabooks@altabooks.com.br
Ouvidoria: ouvidoria@altabooks.com.br

Editora **afiliada à:**
ASSOCIADO CBL

TATIANA MARQUES ADOGLIO

Mestre em Direito Comercial pela PUC-SP.
Professora dos cursos de extensão em Direito Societário e Contratos Comerciais na COGEAE – PUC-SP.
Relatora da Comissão das Sociedades de Advogados da OAB/SP.
Árbitra da Câmara de Mediação, Conciliação e Arbitragem da OAB/SP.
Advogada.

AGRADECIMENTOS

O mestrado sempre foi um sonho. Abrir meu escritório aos 22 anos, logo após me formar no curso de direito, me distanciou deste objetivo. Casar e ter filhos tornou este sonho ainda mais difícil de alcançar. Mas quem me conhece sabe que persistência, dedicação, coragem e perseverança fazem parte de mim. Nunca desisti!

A convivência com os colegas da OAB/SP e do CESA – Centro de Estudos das Sociedades de Advogados, instituições das quais faço parte há mais de 15 anos, realçaram este desejo, já que a qualificação técnica é condição indispensável ao desenvolvimento de trabalhos institucionais de boa qualidade.

Em 2018, com as crianças maiores e o escritório mais encaminhado, me matriculei no curso de Direito Societário da PUC-COGEAE, onde conheci a professora Rosemarie Fillardi, que me convidou para ser sua assistente nas aulas de graduação de Direito Comercial na PUC/SP.

A esta altura, sedenta por novos desafios e maior qualificação para atender com excelência meus clientes, eu já era aluna ouvinte no curso de mestrado da SanFran-USP, onde assistia às aulas de Teoria Geral do Direito Societário ministradas pelo Professor Erasmo Valladão, prestando-lhe assistência na graduação de Direito Comercial.

Passei o ano de 2019 assistindo às aulas de mestrado da USP como ouvinte e dando assistência na graduação de ambas as faculdades, USP e PUC, na área do Direito Comercial.

Em meio à pandemia, em 2020, a professora Rosemarie Filardi sugeriu que eu concorresse a uma vaga no mestrado da PUC. As inscrições estavam abertas e, segundo ela, eu preenchia os requisitos necessários, pois era dedicada, entusiasmada e possuía a qualificação técnica exigida.

A esta altura, a "jurimetria" do Professor Marcelo Guedes Nunes já me encantava. Havia assistido a uma palestra brilhante conferida pelo referido professor no Comitê de Direito Societário do CESA, onde ele comprovou, por meio de estudos empíricos e estatísticos, que a condenação criminal em 2ª Instância no Tribunal de Justiça de São Paulo não dependia da qualificação do advogado contratado para defender o suposto autor do delito, mas sim da sorte ou do azar da Câmara sorteada para julgar o respectivo recurso.

Nesta ocasião, o Professor Marcelo Guedes Nunes apresentou estudos elaborados pela Associação Brasileira de Jurimetria – ABJ, que concluíram que havia uma probabilidade de que a mesma tese criminal fosse acatada em apenas 5% dos casos julgados por uma determinada Câmara Criminal, enquanto em outra Câmara Criminal, o acolhimento seria de cerca de 95% destes casos.

As hipóteses levantadas para explicar o impressionante fenômeno cujo resultado fora obtido por meio da estatística foram ainda mais surpreendentes: seria o caso dos julgadores com ideias semelhantes se aglutinarem por Câmaras? Havia apenas um mesmo julgador com determinado entendimento, e os demais julgadores simplesmente acompanhavam seu voto? As hipóteses levantadas intrigavam e encantavam a todos os presentes.

Escolhido o caminho a ser seguido no mestrado, o Professor Marcelo Guedes Nunes me aconselhou a estudar o que se coloca hoje neste livro. Relembrou que o estudo estatístico dos processos judiciais que deram origem à sua tese de doutorado concluiu que em mais de 60% das decisões judiciais prolatadas em todos os Tribunais de Justiça do Brasil, entre os anos de 1997 e 2007 e 2008 e 2011, não continham a fixação de critérios de "apuração de haveres" nos casos de retirada do sócio da sociedade limitada, por qualquer evento.

Por este motivo, sugeriu que fosse realizada uma nova análise estatística destes processos, com um corte menor, ou seja, no Tribunal de Justiça de São Paulo, economicamente mais ativo, após a entrada em vigor do Novo Código de Processo Civil de 2015.

Desafio feito, desafio aceito, com muita alegria e gratidão!

A partir daí, muitos agradecimentos pelo caminho trilhado até aqui.

Ao pai dos meus filhos, Vitor Moratelli, pelo apoio incondicional em todos os dias, noites, aflições e desesperos, sentimentos que só quem cursa o mestrado conhece! Muitas noites sem dormir, estudos, medos e frustrações.

Aos meus filhos, Melissa e Thomas, que ficaram muitos finais de semana dentro de casa para a mamãe ficar estudando e escrevendo, além das inúmeras promessas de que iríamos passear, viajar e aproveitar muito após a conclusão do meu curso de mestrado.

Aos meus pais, Antonio Carlos e Marta, pelo apoio operacional no cuidado com as crianças, para que eu pudesse ir às aulas, estudar e escrever, bem como por suportar as lamúrias, reclamações e ausências, sempre acreditando na promessa de que, quando o mestrado acabasse, teriam a filha de volta...

À minha sócia Claudia Gonçalves Junqueira, que sempre me apoiou, me compreendeu e me suportou durante todo este tempo, correndo, estressada, atrasada e muitas vezes, desesperada.

Ao meu irmão Alexandre Adoglio, pelos vídeos motivacionais, pela mudança de olhar e pelo entusiasmo em me aconselhar em todas as dificuldades e desafios desta fase tão desafiadora da minha vida.

Ao meu amigo Rogério Russo, que sempre atendeu aos meus chamados para discussão de casos, me aconselhando com toda sabedoria e tranquilidade, e ao meu sócio e grande amigo Antonio Abdalla, que me ajudou a preparar o sumário e sempre esteve à disposição para discutir qualquer caso ou dificuldade encontrados.

Ao meu amigo e professor Thiago Tannous, que me enviou materiais, acórdãos e alguns áudios explicativos, no meio do dia e do trabalho, sempre para me ajudar e me orientar, e ao meu mais antigo amigo Plínio Marafon, que leu meus artigos, sugeriu e criticou, trazendo conceitos que eu desconhecia e me auxiliando na construção de minha dissertação.

A Rodrigo D´orio, amigo dos mais antigos, que também vi crescer profissionalmente e que sempre me colocou para cima, agregou conhecimento e me inseriu em todos os grupos acadêmicos, debates e compromissos com artigos, mesmo contra minha vontade, justificando que eu precisava deste crescimento e destes desafios.

Ao meu amigo e ser iluminado, Alfredo de Assis Gonçalves Neto, que sempre atendeu a todos os pedidos, telefonemas e discussões jurídicas (desde que sempre depois das 14h e antes das 18h – risos), me presenteando com livros indispensáveis aos estudos da minha dissertação com profundidade e segurança!

No meio do trabalho, outra gratíssima surpresa! A troca de orientador para uma grande profissional, Dra. Maria Eugênia Filkenstein, com quem passei a aprender ainda mais sobre Direito Empresarial nas aulas do mestrado e durante minha assistência na graduação da PUC, que acabou se tornando uma grande amiga de confidências, planos, sonhos e alegrias!

Estou feliz e grata por ter conseguido chegar até aqui com a certeza de que todo o sacrifício valeu a pena.

Agradeço a Deus pela conquista e torço para que eu possa dividir o privilégio dos meus estudos com aqueles que mais precisam, trazendo assertividade, profissionalismo e excelência nos conflitos societários em que meus clientes estejam envolvidos.

NOTA DA AUTORA

Fruto da dissertação com a qual obtive o título de Mestre em Direito pela PUC-SP, o presente trabalho analisou se, após a promulgação do Código de Processo Civil de 2015, que inseriu procedimento inédito e especial de "dissolução parcial" de sociedades, o Poder Judiciário passou a fixar critérios para a apuração de haveres na "dissolução parcial" da sociedade.

A análise foi realizada por meio de metodologia jurídica empírico-quantitativa, através de uma nova disciplina do direito: a Jurimetria.

Cuidei primeiramente da evolução histórica da "dissolução parcial" das sociedades, para depois demonstrar a problemática enfrentada pelas empresas, comprovadas por meio dos resultados da pesquisa realizada pelo Professor Marcelo Guedes Nunes por meio das decisões judiciais dos Tribunais de Justiça do país antes da promulgação do Código de Processo Civil de 2015, concluindo pela efetiva evolução da jurisprudência, ainda que de maneira tímida.

São Paulo, outono de 2024.

Prefácio

Gostaria de iniciar este prefácio mencionando o quanto me honra este convite.

A Dra. Tatiana Marques Adoglio entrou sob minha orientação por recomendação de um grande amigo, o Dr. Marcelo Guedes Nunes, e eu a aceitei no programa de mestrado sem conhecê-la muito bem. Ela acabou cursando várias matérias até que, em um semestre, ela se matriculou em minha matéria. Foi somente então que tomei contato com sua simpatia, assertividade, educação e, por que não dizer, empatia para com os outros colegas. Essas realmente foram as primeiras características que me chamaram a atenção na Tatiana. Mas, à medida que o semestre foi evoluindo, descobri também uma aluna empenhada, uma mente inquieta, e uma pessoa que enfrentava desafios. Também me lembro de tê-la ouvido falar em sala de aula e pensar que lá estava uma professora em formação.

Com o passar do semestre, descobri outras coisas sobre a Tatiana. Descobri sua paixão pelo Direito, sua forte militância perante a Ordem dos Advogados do Brasil, sua compreensão sobre uma matéria incomum, as sociedades de advogados, mas, acima de tudo, descobri também uma grande amiga. Nos semestres seguintes, ela me ajudou muito com as aulas de graduação e, devo dizer, os alunos ficaram encantados por ela, por sua competência e por ser tão atenciosa com todos.

Quando chegou a data da banca, a Tatiana a defendeu com muita garra, perícia e assertividade, características essas que ela parece demonstrar em todas as áreas da sua vida, seja como mãe, advogada, ou meramente como a pessoa querida que é.

Hoje, a Tatiana já não é mais minha orientanda, mas uma amiga querida, que me ajuda em todos os meus projetos, acadêmicos ou não. Uma parceira na academia, na advocacia, e até mesmo em minha vida pessoal.

Considero-me afortunada por ter aceitado a recomendação de um amigo para orientar uma pessoa que não conhecida. E hoje, sinto-me honrada por fazer o prefácio do livro de uma pessoa que realmente conheço e cuja trajetória tenho a honra de acompanhar.

Vamos ao trabalho!

Há mais de um século, observava-se que "o direito comercial nasceu dos usos livremente estabelecidos e continua a se transformar pelos usos. Na sua origem, destacando-se do direito civil, não foi outra coisa senão um grande e vitorioso protesto da prática contra o direito comum muito estreito, muito lento e muito complexo, aplicado por juízes muito formalistas, estranhos ao espírito do comércio"[1]. Esta perspectiva histórica serve como pano de fundo para o trabalho de Tatiana Marques Adoglio, que meticulosamente traça a evolução legislativa e jurisprudencial da dissolução parcial de sociedades e dos métodos de apuração de haveres, desde o Código Comercial de 1850 até os dias atuais.

O desafio de analisar a evolução dos entendimentos em um tema que ainda suscita significativas divergências não é trivial. No entanto, ao incorporar análises empíricas e estatísticas ao seu estudo, Tatiana enfrentou o desafio de quantificar aspectos do direito que frequentemente parecem pertencer ao domínio exclusivamente interpretativo. Este trabalho é um testemunho eloquente do poder da jurimetria como ferramenta imprescindível para a modernização e aprimoramento do estudo jurídico.

O tema escolhido para a pesquisa é de vital importância: dissolução parcial de sociedades e a subsequente apuração de haveres são processos que afetam diretamente a estabilidade e a viabilidade financeira das empresas, afetando, portanto, sócios, empregados, credores e outros *stakeholders*. Estabelecer critérios claros e equitativos para essa apuração é fundamental para a segurança jurídica e para a saúde econômica do ambiente empresarial.

Não conheço outra obra que tenha abordado a dissolução parcial de sociedades e a apuração de haveres com tanta profundidade e rigor metodológico quanto a realizada por Tatiana Marques Adoglio. Sua dedicação e competência ao abordar um assunto tão complexo e desafiador foram verdadeiramente notáveis. Foi uma honra imensa orientar Tatiana durante seu mestrado, observando seu crescimento intelectual e sua habilidade de superar cada desafio com determinação e precisão acadêmica.

A qualidade final deste trabalho é extremamente gratificante pelo seu mérito acadêmico e pelo impacto que certamente terá na comunidade jurídica e empresarial. Além disso, ao longo deste percurso, desenvolveu-se uma amizade genuína, baseada no respeito mútuo e na admiração profis-

---

1 CRUET, Jean. A vida do direito e a inutilidade das leis. Editora Íbero-Americana, 1939, p. 100.

sional, que transcende as páginas deste estudo. A colaboração entre orientadora e orientanda evoluiu para uma parceria rica e gratificante, que valorizo imensamente.

Este livro não é apenas um marco acadêmico para Tatiana; é também um testemunho da paixão e do rigor que ela traz para o campo do direito. Estou convencida de que os leitores encontrarão nesta obra uma fonte inestimável de conhecimento e inspiração.

Maria Eugênia Reis Finkelstein

Mestre em Direito Comercial pela Pontifícia Universidade Católica de São Paulo.

Doutora em Direito Comercial pela Faculdade de Direito da Universidade de São Paulo.

Professora da Faculdade de Direito da Pontifícia Universidade Católica de São Paulo.

INTRODUÇÃO

As relações humanas perpassam, desde sempre, o Direito comercial. Para a sobrevivência da humanidade, os povos eram obrigados a realizar trocas daquilo que produziam por aquilo que necessitavam, fazendo surgir o comércio, que evoluiu para o que hoje chamamos de Direito Empresarial.

Entender minimamente como funciona esta área do Direito não é mais uma escolha, mas uma necessidade. Advogados militantes na área de Direito de Família, por exemplo, deparam-se com partilhas de quotas sociais no divórcio dos cônjuges ou com a liquidação das quotas do sócio falecido, para reembolso aos herdeiros.

Da mesma forma, advogados que militam na área trabalhista são obrigados a lidar com a desconsideração da personalidade jurídica da empresa, buscando atingir o patrimônio do sócio e receber o crédito do seu cliente.

Assim acontece com todas as áreas do direito. A multidisciplinariedade das relações obriga a todos a entender, minimamente, as consequências jurídicas de se tornar um empresário, com todos os ônus e bônus daí decorrentes.

Por este motivo, pesquisas empíricas que busquem demonstrar a realidade destas relações jurídicas nunca foram tão pertinentes.

Neste contexto, pretendeu-se colaborar com o universo do Direito Empresarial, oferecendo subsídios para um melhor planejamento jurídico dos investidores, das empresas e da comunidade jurídica, a fim de beneficiar a economia brasileira.

A pesquisa concluída no presente estudo é precedida de uma breve narrativa sobre a evolução do Direito Empresarial e do contexto histórico e jurídico da "dissolução parcial" das sociedades empresárias, culminando no reembolso do sócio que dela não faz mais parte, o que é chamado de "apuração de haveres".

Os estudos englobaram as quatro possibilidades jurídicas de "dissolução parcial" de sociedade, que são os casos de retirada, exclusão, falecimento ou dissidência (também chamado de recesso).

No entanto, todas as quatro espécies de "dissolução parcial" foram tratadas da mesma forma, sem destaque das especificidades que podem advir de cada uma delas, que merecem uma atenção especial e complexa que o presente estudo não pretendeu englobar.

O que se pretendeu relatar, debater e estudar foram os critérios que costumam ser utilizados para a "apuração de haveres" do sócio que não faz mais parte da sociedade, seja pela retirada, pela exclusão, pela dissidência ou pelo falecimento, não tratando de forma diferente cada caso.

Os termos "dissolução parcial" e "apuração de haveres" foram redigidos entre aspas para facilitar a compreensão e para que fossem destacados do restante do texto em que foram incluídos.

O resultado da pesquisa é positivo, demonstrando que os agentes envolvidos nas relações empresariais estão cada vez mais preparados, favorecendo o ambiente negocial e colaborando para o desenvolvimento econômico do país.

Sumário

01.

A IMPORTÂNCIA DA ANÁLISE DA APURAÇÃO DE HAVERES NA SOCIEDADE LIMITADA

Não é novidade que o mundo mudou radicalmente nos últimos anos em todos os aspectos. Além da mudança inerente à evolução de qualquer civilização, fato é que ela está cada vez mais veloz, seja pelo acesso mais popularizado à rede mundial de computadores – a internet –, seja pela evolução da capacidade de compreensão dos povos, com o aumento significativo de pessoas produzindo conteúdo e levando conhecimento às outras, de qualquer lugar do mundo.

No Brasil não é diferente. As pessoas que antigamente tinham pouco acesso à informação e, portanto, menos conhecimento, têm cada vez mais alcance ao mundo dos negócios e do empreendedorismo, conhecendo uma nova forma de exercer uma atividade remunerada, que antes era privilégio de poucos: a atividade empresarial.

O cidadão passou a frequentar cursos proporcionados por empresas públicas e privadas de serviços educacionais, que explicam e ensinam como empreender, oferecendo suporte profissional também para a fase que sucede à abertura de uma empresa.

Além disso, o desemprego gerado pelas inúmeras crises econômicas no país também é um fator que impulsiona a busca pelo próprio negócio, evitando as inevitáveis baixas de mercado e demissões sem justa causa, com a completa perda da renda e riscos à própria subsistência.

Segundo Luiz Rabi, economista da Serasa Experian, empresa responsável por análises que embasam a concessão de crédito no país, em entrevista para a Agência Brasil, sobre a abertura de empresas facilitada pelas sociedades limitadas: "*Abrir o próprio negócio no Brasil acabou se tornando um dos meios mais viáveis para geração de renda. Mesmo com um cenário delicado para muitas empresas do país, a estagnação negativa dos níveis de desemprego e o tempo mais curto da burocracia de abertura de empresas criam um ambiente que favorece a ideia de começar um empreendimento.".* [1]

Por todos estes motivos, não é mais possível pensar que a atividade empresarial é acessível apenas às pessoas mais abastadas ou que tiveram acesso à educação.

Já há algum tempo, qualquer cidadão, por menos letrado que seja, pode abrir sua própria empresa, mediante registro no departamento de empresas respectivo, obtendo um cadastro nacional na Receita Federal para emitir notas fiscais dos serviços ou produtos oferecidos, contratar empregados formalmente, formalizar contratos com fornecedores ou clientes e obter empréstimos bancários ou linhas de crédito com o governo.

Além do fácil acesso à informação, da maior disseminação do conhecimento e do receio da instabilidade econômica no país, a desburocratização também facilitou o acesso ao empreendedorismo no Brasil.

Segundo o *"Mapa de Empresas"*, elaborado pelo Governo Federal em 2020 por meio do Ministério da Economia, no primeiro quadrimestre de 2020 havia 18.466.444 (dezoito milhões, quatrocentos e sessenta e seis mil, quatrocentos e quarenta e quatro) empresas ativas no Brasil.[2]

Este mesmo *"Mapa de Empresas"*, segundo Bruno Bocchini, concluiu que o tempo para abertura de uma empresa no país ocorria, em média, em 03 dias e 21 horas, o que facilita ainda mais o fomento à atividade econômica brasileira.

Assim, diante do cenário comercial predominante no país, com a abertura do mercado, facilitação do acesso ao empreendedorismo e sua respectiva formalização, bem como o rápido e vasto acesso à informação através da internet e das redes sociais, o número de empresas brasileiras vêm crescendo exponencialmente, tornando essencial o estudo mais aprofundado das situações que as permeiam.

Ademais, para que as empresas se mantenham ativas e saudáveis no mercado, elas necessitam maximizar os seus ganhos, reduzir despesas e minimizar os riscos do seu negócio, o que é essencial para torná-las economicamente positivas e benquistas no mercado, atraindo, inclusive, investimentos.

---

1 BOCCHINI, Bruno. *Sociedades limitadas impulsionam abertura de empresas, mostra, pesquisa.* Disponível em: https://agenciabrasil.ebc.com.br/economia/noticia/2021-06/sociedades-limitadas-impulsionam-abertura-de-empresas-mostra-pesquisa. Acesso em: 01.03.2021.

2 "Mapa de Empresas" - Boletim do 1º quadrimestre/2020 - Ministério da Economia - Secretaria Especial de Desburocratização, Gestão e Governo Digital - Secretaria de Governo Digital - Departamento Nacional de Registro Empresarial e Integração. Disponível em: https://www.gov.br/governodigital/pt-br/mapa-de- empresas/boletins/mapa-de-empresas-boletim-do-10-quadrimestre-de-2020.pdf

Por todos estes motivos, o tema que se propõe a discutir é de extrema importância, posto que é natural a ocorrência de eventos que levem à saída de um sócio de uma sociedade limitada, e a segurança jurídica quanto aos critérios do reembolso deste sócio, chamado de "apuração de haveres", pode levar à escolha de se empreender ou não, o que impacta diretamente no desenvolvimento econômico do país.

01.01. Análise dos riscos de empreender e investir.

Como mencionado, a atividade econômica do país vem se beneficiando pela abertura de novas empresas, o que também vem sendo facilitado pela desburocratização dos trâmites operacionais, aliada à evolução técnica da população e à acessibilidade ao empreendedorismo.

Para a efetiva realização da atividade econômica, no entanto, não basta somente a abertura de uma empresa. O empresário precisa de investimentos para fazer o seu negócio perpetuar. Estes investimentos, por sua vez, podem e são comumente realizados através do ingresso de novos sócios que aportam capital no negócio em troca de uma participação no capital social, apesar de também ocorrer por meio das outras figuras, como o investidor-anjo[3] e o *crowdfunding* de investimento.[4]

No entanto, não é raro que, após algum tempo, estes sócios não desejem mais manter a sociedade entre si, causando o que é chamado de "*"dissolução parcial" da sociedade*". Tal é perfeitamente aceitável, sem que haja necessidade de qualquer justa causa ou fundamentação, haja vista o que dispõe o Art. 5º, inciso XX da Constituição Federal, que prevê que "*ninguém poderá ser compelido a associar-se ou a permanecer associado*".

Há que se ter em mente, também, os casos de falecimento de um dos sócios, o que também causa a "dissolução parcial" da sociedade, sendo que em qualquer situação deve haver o reembolso das suas quotas sociais, cha-

---

3 A Lei Complementar 155/2016 criou a figura do "investidor-anjo". Ele é uma pessoa física ou jurídica que poderá investir na ME ou EPP aportando capital, ou seja, fornecendo recursos para que a empresa se desenvolva e, com isso, depois ele receba de volta esse investimento realizado. Disponível: https://blog.cefis.com.br/lc- 15516-e-o-investidor-anjo-nas-micros-e-pequenas- empresas/#:~:text=A%20Lei%20Complementar%20155%2F2016,de%20volta%20esse%20investimento%20realizado. Acesso em 10.10.2022

4 Veja neste sentido artigo da autora, em conjunto com Filkenstein, Maria Eugênia Reis, publicado na "Revista de Direito Bancário e do Mercado de Capitais – RDB", Ano 25, n.º 97, Julho-Setembro 2022" – intitulado "*Da oferta pública de distribuição de valores mobiliários pelas sociedades empresárias de pequeno porte – Resolução CVM 88/2022.*".

mada de *"apuração de haveres"*, seja para seus herdeiros ou sucessores, seja para si próprio, em remuneração ao seu próprio patrimônio (a quota social).

O Código Civil/2002 dispõe as várias situações que podem causar a "dissolução parcial" da sociedade, destacando-se: o direito de recesso (arts. 1.077 e 1.114); o direito de retirada (art. 1.029), a morte do sócio (art. 1.028) e os casos de exclusão do sócio (arts. 1.030 e 1.085).

Diante do cenário de manutenção da atividade da empresa, independente da retirada de qualquer sócio, o planejamento econômico do negócio é essencial para se ter uma boa gestão. Ademais, a forma escolhida pelos sócios para apurar os haveres nos eventos de retirada deve ser claramente conhecida, trazendo segurança jurídica para o sócio e para a sociedade.

A segurança jurídica permite que as sociedades realizem um planejamento econômico e estratégico condizente com a realidade, evitando perdas não calculadas e minimizando, assim, seus próprios riscos e riscos ao ambiente em que atua.

Não havendo previsão do critério para a apuração dos haveres do sócio que se retirar da sociedade por qualquer razão, seja por meio de acordo de sócios, seja em contrato social, poderá ocorrer a fixação de um valor deveras subjetivo pelo perito judicial que será nomeado pelo Juiz em caso de conflito.

Se este risco puder ser calculado, de certo que a sociedade terá mais chances de sobreviver em casos de sua "dissolução parcial", o que redundará na escolha por empreender e investir, impactando positivamente a economia do país.

01.02. Segurança do ambiente negocial.

Como visto, a segurança no ambiente negocial de certo permitirá que o avanço econômico brasileiro que advém da abertura de novas empresas tenha uma continuidade e progrida.

O Brasil é conhecido como um país inseguro juridicamente. A quantidade de litígios em trâmite no Poder Judiciário não é acompanhada da respectiva evolução do aparato necessário ao rápido desfecho. Pior que isso. A complexidade das relações sociais não é acompanhada pela respectiva legislação, pois o processo legislativo é mais moroso do que a evolução das relações sociais.

As legislações protecionistas brasileiras, como o "Código de Defesa do Consumidor", a "Consolidação das Leis Trabalhistas – CLT" e a "Lei Geral de Proteção de Dados" contribuem para a quantidade vultosa de litígios em trâmite no Poder Judiciário.

A especialidade da matéria empresarial aplicável aos eventos de "dissolução parcial da sociedade" e respectiva "apuração de haveres" também demanda atenção especial. O Direito Empresarial é um ramo cujos princípios gerais comumente utilizados pelos demais ramos do direito não se aplicam, necessariamente.

É o caso da boa-fé objetiva, por exemplo, que permeia muitas relações jurídicas não empresariais. No caso do Direito Empresarial, ao contrário, os entes envolvidos buscam tirar o melhor proveito dos negócios jurídicos que formalizam, de forma que se espera que se comportem no sentido de tirarem certa "vantagem" do negócio.

Neste sentido, Paula Forgioni explica que *"as partes não contratam pelo mero prazer de trocar declarações de vontade, mas em vista de determinado fim que, no campo do direito empresarial, ser-lhes-á potencialmente vantajoso".*[5]

Por este motivo, no julgamento de conflitos pelo Poder Judiciário é difícil encontrar julgadores especialistas na matéria, o que faz com que as decisões judiciais não levem em consideração princípios importantes do direito empresarial, culminando em desfechos prejudiciais à sociedade empresária, que impactam sua própria atividade, o ambiente em que atua, os funcionários que contrata e os impostos que paga.

Permitir maior segurança no ambiente negocial, com o conhecimento prévio do valor do desembolso da sociedade nos eventos de sua "dissolução parcial", sem grandes variações, certamente contribuirá para a evolução e consolidação da atividade econômica no país.

01.03. Reflexos na economia nacional.

Por todos estes motivos há vários estudos e discussões na comunidade jurídica voltados a contribuir para a melhor compreensão do Direito Empresarial, bem como para a implementação de políticas públicas que facilitem o tráfego negocial. Neste sentido, conforme divulgado pela Imprensa Oficial, o Tribunal de Justiça do Estado de São Paulo criou as Câmaras Empresariais em 2011 e as Varas Empresariais de 1ª Instância em 2017, alegando que: *"O objetivo das unidades é gerar uma interpretação uniforme para os casos que envolvem a matéria e criar segurança jurídica para o empresariado nacional e*

---

5 FORGIONI, Paula A. *Teoria geral dos contratos empresariais.* São Paulo: RT, 2009. p. 58.

internacional investir, já que a imprevisibilidade dos entendimentos jurídicos gera insegurança em quem pretende investir no País".

A criação das Varas Empresariais foi baseada em um estudo da Associação Brasileira de Jurimetria, uma instituição sem fins lucrativos que tem como objetivo realizar estudos empíricos no Direito, como ferramenta de tomada de decisão e melhora da prestação Jurisdicional Brasileira. Segundo Marcelo Guedes Nunes, presidente e cofundador da ABJ: *"O estudo realizado pela Associação Brasileira de Jurimetria e pelo Instituto dos Advogados de São Paulo, que fundamentou o parecer da Corregedoria Geral de Justiça propondo a criação das varas, observou, entre 2014 à 2016, excluídas falências e recuperações, a distribuição de aproximadamente 1600 processos por ano de competência empresarial nos foros central e regionais da comarca da capital".*[6]

E a justificativa para a criação das Varas Empresariais se deu pela demora no julgamento destes processos e pela especialidade da matéria a que são submetidos, de forma que, enquanto são julgados 4.600 (quatro mil e seiscentos processos) nas Varas Comuns, apenas 1.600 (um mil e seiscentos processos) de Direito Empresarial seguem o mesmo destino. Para Marcelo Guedes Nunes, *"Ajustados por conta da sua viscosidade (jargão jurimétrico para a vagarosidade de tramitação de certas demandas) e do trabalho envolvido, esses processos especializados equivaleriam a até 4.600 processos cíveis comuns, carga que, com razoável folga, justificou a implantação das duas varas empresariais".*[7]

A especialidade dos julgadores em determinada matéria traz mais assertividade às decisões judiciais e, portanto, maior segurança jurídica, o que é reconhecido nacionalmente, conforme divulgação pela comunicação social do TJSP: *"A atuação especializada de São Paulo é reconhecida nacionalmente. Os magistrados que atuam nas varas e nas câmaras de Direito Empresarial e de Falências e Recuperações Judiciais são referência e participam de palestras e projetos relacionados ao tema".*

Em havendo mais especialidade, mais estudo e mais aprofundamento no tema pelos julgadores das Varas e Câmaras Especializadas, as decisões judiciais serão mais acertadas. Por outro lado, havendo centralização das questões debatidas, será possível conhecer o entendimento judicial com mais certeza e previsibilidade.

---

6 NUNES, Marcelo Guedes. *Associação Brasileira de Jurimetria: Um ano e meio das varas empresariais de São Paulo: uma iniciativa de sucesso.* 02.09.2019. Disponível: https://lab.abj.org.br/posts/2019-09-02-um-ano-e-meio-das-varas-empresariais-de-so-paulo-uma-iniciativa-de-sucesso/. Acesso em: 12.12.2021.

7 Idem.

Neste sentido, a previsibilidade dos critérios que serão adotados para apurar os haveres do sócio na "dissolução parcial" da sociedade permitirá que a sociedade se planeje financeiramente, evitando que os sócios se dediquem a uma atividade cujos riscos sejam ainda maiores do que os esperados, atraindo mais investimentos e refletindo positivamente na economia do país.

01.04. Metodologia do trabalho.

Para demonstrar a problemática levantada, o presente trabalho se baseia no estudo das decisões judiciais proferidas após o novo Código de Processo Civil/2015, que inseriu o procedimento especial de "dissolução parcial" de sociedades, a fim de verificar se o Judiciário efetivamente aplicou o novo regramento e fixou os critérios para a apuração de haveres, havendo ou não pacto neste sentido pelas partes envolvidas.

Tal se justifica porque, antes da promulgação do novo Código de Processo Civil em 2015, *"Estima-se que 86,15% das sentenças"* eram *"omissas quando à data-base do balanço e 62,61% quanto ao critério de apuração de haveres."*.[8]

Desta forma, o direito será analisado através de uma metodologia empírico-quantitativa consistente, por meio da estatística, para que as empresas possam tecer seu planejamento econômico embasadas em alguma probabilidade. Tal se justifica, também, como já salientado, em razão da falta de especialidade na matéria, fazendo com que o julgador não levasse em consideração princípios importantes do Direito Empresarial, culminando em desfechos prejudiciais à sociedade empresária, impactando na sua atividade, no ambiente em que atua, nos funcionários que contrata e nos impostos que paga.

Neste sentido, o Judiciário não fixava critérios para apurar os haveres do sócio que se retirou da sociedade, por qualquer motivo, em mais de 60% dos casos, ou seja, não esclarecia quais critérios deveriam ser utilizados para encontrar o valor da sociedade e, consequentemente, o valor da parcela patrimonial a que o sócio tinha direito ao sair da sociedade.

Pretende-se mencionar, também, quais foram os critérios utilizados nas decisões judiciais, explicando a problemática que ainda permeia alguns

---

8 NUNES, Marcelo Guedes; ARAÚJO, Rodrigo Mendes de. *A ação de "dissolução parcial" de sociedade no Projeto de Código de Processo Civil.* In JR, Fredie Didier et al. *Novas Tendências do processo civil – estudos.* São Paulo: JusPodivm, 2014.

julgamentos, com relação ao critério escolhido pela lei e os critérios fixados pelos julgadores.

A análise será realizada por meio de metodologia jurídica empírico-quantitativa através de uma nova disciplina do direito: a Jurimetria. Segundo Marcelo Guedes Nunes "*A jurimetria é a disciplina do Direito que utiliza a metodologia estatística para estudar o funcionamento da ordem jurídica. A proposta da jurimetria é investigar a realidade do Direito, observando o funcionamento das instituições jurídicas e das sentenças, autos, contratos e demais populações de normas individuais produzidas pelo sistema diariamente.*".[9]

Para o levantamento estatístico pretendido, foram escolhidos julgados do Tribunal de Justiça do Estado de São Paulo, levantados pela Associação Brasileira de Jurimetria, por meio do seu Observatório de Insolvência, como discorrerá tópico próprio.

A opção pelos julgados do Fórum Central de São Paulo se deve pela grande importância econômica do município, bem como pela preexistência de levantamento de dados já realizado pelo Observatório Societário da ABJ.

O trabalho analisará as sociedades limitadas empresárias em razão da massiva existência deste tipo societário. São elas responsáveis por grande parte dos postos de trabalho e pela expressiva geração de riqueza, de fundamental importância para o país.

Para Mariana Pargendler[10], de acordo com dados recentes publicados, tem-se que 98,68% das sociedades registradas na Junta Comercial de São Paulo são sociedades limitadas, ou seja, a matéria abordada é de suma importância para a economia atual, já que abrange o tipo societário mais utilizado no país.

A pesquisa abordará, ainda, o contexto histórico, teórico jurídico e contábil do tema exposto.

---

9 NUNES, Marcelo Guedes. *Jurimetria aplicada ao direito societário: um estudo estatístico da dissolução de sociedade no Brasil*. 2012. 389 f. Tese (Doutorado em Direito) - Pontifícia Universidade Católica de São Paulo, São Paulo, 2012.

10 PARGENDLER, Mariana. *O direito societário em ação: análise empírica e proposições de reforma*. Revista de Direito Bancário e do Mercado de Capitais, 2013. p. 230.

02.

EVOLUÇÃO HISTÓRICA DA "DISSOLUÇÃO PARCIAL"

Como já salientado, as relações humanas são indissociáveis do direito comercial. Desde sempre, os povos trocavam o que produziam pelo que precisavam ou almejavam.

Com isso, tinham acesso a mais do que aquilo que era imprescindível à sua própria subsistência, criando o que chamamos atualmente e de forma muito simplista de Direito Empresarial.

Esta evolução passou por várias fases, como não poderia deixar de ser. Os empresários passaram a unir forças por meio da criação de empresas, associando-se uns aos outros, buscando maximizar seus ganhos e minimizar seus riscos.

O estudo da evolução jurídica desta figura é imprescindível para interpretar corretamente os dispositivos legais atualmente em vigor, que não fariam sentido se analisados de forma dissociada do contexto histórico em que se desenvolveu o Direito Comercial no Brasil.

É o que se pretende expor nos próximos tópicos, buscando oferecer alguma contribuição para facilitar a análise, de forma sistemática, da matéria principal a ser debatida: a "apuração de haveres" na "dissolução parcial" das sociedades.

02.01. Contexto da promulgação do Código Comercial de 1850

O Código Comercial brasileiro de 1850 foi fortemente influenciado pela abertura dos portos às nações amigas, através da promulgação da primeira carta régia pelo Príncipe-regente de Portugal, Dom João de Bragança, no dia 28 de janeiro de 1808, apenas seis dias após a chegada da família real portuguesa ao Brasil.

Assim, pode-se dizer que o direito comercial teve forte influência da família real portuguesa, pois somente neste momento os portos brasileiros passaram a receber e despachar produtos para serem comercializados com as nações amigas de Portugal.

Para Angélica Ricci Camargo, antes disso, no entanto, entre os anos de 1750 e 1777, o comércio no Brasil já havia sido iniciado, por meio das chamadas "Mesas de Inspeção", que tinham *"a finalidade de examinar, qualificar e regular os preços do açúcar e do tabaco, assim como conservar a extração e promover sua agricultura e comércio"*. Suas funções, no entanto, eram mais voltadas ao mercado externo, pois o mercado interno ainda não havia se desenvolvido suficientemente a justificar alguma regulação.

Referidas "Mesas de Inspeção", no entanto, foram absorvidas pela criação da "Real Junta do Comércio, Agricultura, Fábricas e Navegação" em 23 de agosto de 1808, tornando-se "um tribunal superior de funções judiciais e administrativas", implementada no Rio de Janeiro. Tal aconteceu, percebe-se, poucos meses após a abertura dos portos às nações amigas pela família real portuguesa.

Com a independência política de sua colonizadora em 1822, o Brasil manteve as atividades comerciais antes desenvolvidas, utilizando-se das legislações estrangeiras para regular suas atividades comerciais, mas se mostrava carente de uma legislação própria que normatizasse as relações do comércio.

Desde então, vários foram os movimentos internos para que o Brasil elaborasse o seu próprio Código Comercial, que acabou sendo promulgado apenas em 1850, influenciado pelo Código Comercial Francês de 1807, que se baseava na teoria dos atos do comércio para identificar o comerciante que teria seu caso concreto submetido ao Direito Comercial e não ao Direito Civil.

Para Daniella Barbosa Pereira, Marcela de Souza Pereira e Luciano Soares Maia, a definição dos atos de comércio, por sua vez, era *"tarefa atribuída ao legislador, o qual optava por descrever as suas características básicas ou por enumerar, num rol de condutas típicas"*, os atos praticados pela pessoa que a caracterizavam como comerciante.

A caracterização dos atos do comércio para identificar o comerciante se baseava em critérios objetivos, visando a facilitar e democratizar a invocação do Código Comercial por qualquer pessoa que praticasse um ou mais atos do comércio ali elencados, em substituição ao critério subjetivo até então em vigor, definido pela qualidade do sujeito que era membro das "Corporações de Ofício" que detinham suas próprias normas de direito para regular as relações comerciais.

Assim, após um período de crise, em 1850, alavanca-se um crescimento econômico com grandes operações de negócios no mundo. Segundo Hobsbawn, *"o comércio mundial entre 1800 e 1840 não tinha chegado a duplicar. Entre 1850 e 1870, cresceu 260%."*.

Quanto ao Brasil, o historiador e sociólogo Caio da Silva Prado Júnior afirmou que *"o país conhecerá, pela primeira vez, um desses períodos financeiros de grande movimento de negócios."*, enquanto o historiador Nelson Werneck Sodré explicou que, *"no segundo império o número de brasileiros donos de casas comerciais já chega a constituir a metade do total, mas as grandes casas portuguesas continuam e possuem tradição"*.

De acordo com Maria Luiza Ferreira de Oliveira, nesta época já ocorria a liberação de crédito para clientes: *"na São Paulo do século XIX, dar crédito para o cliente era prática incorporada. Eram as tais contas de livro e o dinheiro dado por empréstimo, tanto em pequenas quantias como em quantias maiores. "[...] fosse maior, poderia ser documentado por letra ou hipoteca"*.

Afora o Brasil, Napoleão já havia regulamentado nacionalmente as relações comerciais na França, iniciando em 1804, com a promulgação do Código Napoleônico, que regulou as relações sociais sobre a sistemática.

No Brasil, a ideia de regulamentar as relações negociais estava acompanhando o movimento de outros países, como antes salientado, já que existia demanda da classe comercial e busca por segurança jurídica.

Neste contexto, o Código Comercial instituído pela Lei nº 556, de 25 de junho de 1850, foi elaborado com o intuito de suportar as reivindicações dos negociantes e, assim, alavancar o capitalismo, ou seja, não havia qualquer objetivo e pensamento comunitário ou social, mas tão somente econômico.

Segundo o historiador brasileiro Richard Graham, *"o Código Comercial de 1850, que uniformizou as leis relativas às falências, contratos, hipotecas e outros assuntos correlatos, facilitou e tornou menos arriscadas as operações comerciais"*.

Cabe destacar que a matéria acerca das sociedades empresárias foi primeiramente abordada nas Ordenações Filipinas Portuguesas, que vigeu em Portugal até 1867. Neste que também é chamado de Código Filipino, havia a regulação do *"contracto de sociedade e companhia"* (Livro 4, Título 44, do contracto da Sociedade e Companhia), sendo que somente com a promulgação do Código Comercial de 1850 a matéria foi sistematiza nos artigos de 287 a 353.

Destaca-se que o Código Comercial de 1850 não contemplava a sociedade limitada, que só foi efetivamente regulamentada em 1919 pelo Decreto 3.708, por meio do seu art. 15, facultando aos sócios que estivessem em desacordo com a alteração do contrato social que se retirassem da sociedade e, quanto às demais questões, remetendo ao Código Comercial.

02.02. Dissolução das sociedades no Código Comercial de 1850.

O Código Comercial de 1850 só previa a possibilidade da "dissolução total" das sociedades, ignorando seus próprios interesses, o interesse coletivo e a óbvia conclusão de que uma sociedade próspera tem mais condições de pagar o reembolso das quotas quantificadas na apuração de haveres do que a liquidada, segundo Fabio Ulhôa Coelho.

Neste sentido, a simples vontade de um dos sócios de se retirar da sociedade já ensejava a sua "dissolução total", já que o vínculo deixaria de existir entre os sócios.

Outro ponto do referido dispositivo é que a morte de um dos sócios também se traduzia na extinção total da sociedade, salvo disposição contrária em contrato social. Vê-se novamente que a regra era a "dissolução total" da sociedade.

Apenas a título de curiosidade, o Código de 1850 previa que a exclusão ocorreria quando o sócio fosse remisso, ou seja, quando estivesse inadimplente com a contribuição para o capital social (art. 289), bem como se fosse constatado que exercia atividade comercial fora daquela sociedade sem permissão (art. 317).

Ocorria ainda a "dissolução total" quando o sócio fosse "despedido por justa causa", sem se identificar taxativamente os motivos que ensejariam esta justa causa. A doutrina e jurisprudência aceitavam bem a tarefa de fixar os possíveis motivos para a exclusão do sócio.

Por fim, havia ainda disposição legal sobre a dissolução por tempo determinado, quando impossível a continuidade da empresa por não preencher o intuito e o fim social, ou por inabilidade de algum dos sócios, incapacidade moral ou civil julgada por sentença e por abuso, prevaricação, violação ou falta de cumprimento das obrigações sociais, bem como pela "fuga" de algum dos sócios.

Vê-se, portanto, que não se falava em "dissolução parcial" de sociedade, de forma que não havia necessidade de se apurar os haveres do sócio que dela não fizesse mais parte, pois a única possibilidade era a "dissolução total".

02.03. Dissolução das sociedades no Código Civil de 1916

A "dissolução total" continuou a ser regra no Código Civil de 1916. Por outro lado, formula-se o conceito de sociedade pela primeira vez no ordenamento jurídico brasileiro, por meio do art. 1.363, que dispõe que *"celebram contrato de sociedade as pessoas que mutuamente se obrigam a combinar seus esforços ou recursos, para lograr fins comuns"*.

É importante esclarecer, no entanto, que entre a promulgação do Código Comercial de 1850 e o Código Civil de 1916, houve a promulgação do Decreto n. 979 de 1903, que previa que os profissionais da agricultura e indústria rural especificassem nos estatutos as condições de eliminação dos sócios (art. 4º), matéria que não era clara no Código Comercial de 1850.

Também neste ínterim, em 05 de janeiro de 1907, foi promulgado o Decreto 1.637, que previa que deveria constar no estatuto social a cláusula de exclusão dos seus membros (art. 14, §6º, 17, §2º, 18, §3º, 19 *caput* e parágrafo único, inciso "a" e 20). Com a promulgação do Código de 1916, nota-se que houve poucas mudanças com relação à "dissolução total" das sociedades no caso de falência, incapacidade ou morte do sócio, bem como sobre a renúncia das sociedades de prazo indeterminado, que sempre geravam, em regra, a dissolução total da sociedade.

Para Alfredo de Assis Gonçalves Neto *"A relação Social ostentava então natureza bilateral e o princípio da preservação da empresa não preponderava sobre outros interesses individuais, como, por exemplo, os interesses de credores em preservar a integralidade do patrimônio social para garantir o pagamento de suas dívidas."*.

No entanto, havia previsão de continuidade da sociedade no caso da exclusão do sócio pela renúncia de má fé, bem como em caso de renúncia inoportuna, quando a sociedade também continuaria até a época do primeiro balanço ou até a conclusão do negócio pendente.

Na vigência do Código Civil de 1916, no entanto, foi promulgado o Decreto n.º 3.708/19, que "regula a constituição de sociedade por quotas, de responsabilidade limitada", permitindo a manutenção da sociedade apenas em caso de recesso de sócio dissidente, conforme disposição do seu art. 15.

Apesar do Código Civil de 1916 não dispor sobre a "dissolução parcial", Pedro Guilhardi escreveu que Rubens Requião sustentava que esta figura não era de todo inexistente no ordenamento jurídico daquela época, já que o art. 1.403 previa a possibilidade da dissolução do vínculo social do herdeiro menor.

02.04. Dissolução das sociedades no Código de Processo Civil de 1939

A revolução industrial chegou ao Brasil em 1930, mudando completamente o panorama empresarial brasileiro, como consequência da mudança mundial que havia se iniciado 150 anos antes na Inglaterra.

No contexto da Revolução Industrial, se deu a promulgação do Código de Processo Civil de 1939 pelo Decreto Lei n.º 1.608/1939, que manteve apenas a previsão da "dissolução total" das sociedades.

Segundo Antônio Luiz da Câmara Leal, o referido Decreto-Lei não supriu todas as necessidades legais da sociedade, *"deixando de abranger todo o processo civil e comercial brasileiro, para confiar uma parte de sua matéria à legislação esparsa"*.

Neste sentido, foi perceptível a lacuna da lei quanto à possibilidade da "dissolução parcial" da sociedade. Por outro lado, observou-se um aumento dos casos judicializados tratando sobre a "dissolução parcial" da sociedade, o que confirmava a lacuna da lei, já que o legislador manteve somente o regramento da "dissolução total".

O art. 1º, no entanto, permitiu que o CPC/1939 pudesse ser modificado por outras leis, o que a tornou, com os anos, uma lei totalmente alterada por tantas outras posteriores. O referido Código tratou da dissolução de sociedade por meio dos seus arts. de 655 a 674.

O primeiro ponto de destaque após a promulgação do CPC/1939 foi que a doutrina e a jurisprudência adotaram a possibilidade e o termo da "dissolução parcial", ainda que não houvesse nada dispondo sobre isso na nova lei. Sobre isso, Marcelo Guedes Nunes afirmou que *"dissolução, para as regras processuais, seria sempre total"*.

No entanto, o art. 668 do CPC/39 dispunha sobre a "apuração de haveres" no caso de falecimento do sócio, caso não houvesse a dissolução total da sociedade[52]. Esta redação foi alterada em 1942, pelo decreto-Lei 4.565, passando a prever não só o caso de falecimento, mas também a retirada do sócio. Os demais artigos do CPC/1939 abordavam apenas a "dissolução total" da sociedade, que, segundo Celso Barbi Filho, fizeram com que os julgadores utilizassem a legislação esparsa e os demais artigos por analogia para concluir pela "dissolução parcial", causando uma grande insegurança jurídica sobre o tema.

No entanto, segundo Marcus Elidius Michelli de Almeida[54], *"Trajano de Miranda Valverde, em parecer datado de 1930, já defendia a possibilidade da dissolução parcial "da sociedade."*.

Da mesma forma, Pedro Guilhardi cita Rubens Requião para relembrar que no contexto do CPC de 1939 foram prolatadas decisões judiciais reconhecendo a possibilidade da "dissolução parcial", ainda que ausente previsão legal neste sentido: "*...duas decisões do ano de 1947, uma do Tribunal de Justiça do Distrito Federal e outra do Tribunal de Justiça do Rio Grande do Sul, afastaram a dissolução total e a apuração de haveres segundo o balanço, para determinar a dissolução e liquidação parcial da sociedade, como nova fórmula de equilíbrio entre os interesses dos sócios divergentes e os da sociedade, evitando-se a dissolução integral*".

Com relação ao rito, o CPC/1939 determinava que à ação de "dissolução total" fosse aplicado o rito ordinário, previsto no art. 673, acrescentando que "*(...) a liquidação far-se-á pelo modo estabelecido para a liquidação das sentenças*". A doutrina debatia a impropriedade da regra, afirmando que a liquidação de sociedade envolvia atividade diferente da liquidação de sentença. Ademais, não havia dispositivo quanto à data base e, com isso, inúmeras dúvidas surgiam quanto ao momento temporal adequado para fins do cálculo da "apuração de haveres". Não havendo disposição legal, havia grande insegurança jurídica quanto à questão.

02.05. Dissolução das sociedades no Código de Processo Civil de 1973.

Foi no cenário ditatorial que nasceu o Código de Processo Civil de 1973, através de anteprojeto apresentado pelo Ministro da Justiça Alfredo Buzaid, que foi discípulo do jurista italiano Enrico Tullio Liebman, motivo pelo qual refletia, em parte, o processualismo italiano.

O Código de Processo Civil de 1973 também pretendeu corrigir os defeitos e lacunas do CPC de 1939, mas na prática não apresentou alterações significativas com relação a este tema. O modelo processual anterior permaneceu, apresentando-se apenas uma melhor estética.

Para Cândido Rangel Dinamarco, *"nossos olhos não estavam ainda propriamente abertos, nem nossos sentidos atentos à verdadeira revolução cultural em prol da bandeira da efetividade do processo, então brotando em plagas europeias"*; enquanto para Pedro Guilhardi, *"o fato de nem mesmo o CPC de 1973 atualizar as regras procedimentais datadas de 1939 concernentes à dissolução das sociedades é grande evidência de que a disciplina processual voltada às sociedades empresárias foi deixada em segundo plano pelo legislador, de modo que o resultado não poderia ser outro: as normas processuais empresariais não acompanharam o desenvolvimento da realidade empresarial".*

Durante a vigência do Código de 1973, portanto, também não havia dispositivo legal que tratasse sobre a possibilidade de "dissolução parcial" da sociedade, de forma que eram aplicadas as normas da "dissolução total" previstas nos artigos de 655 a 674 do CPC de 1939.

02.06. Construção Jurisprudencial e Doutrinária acerca da preservação da empresa

Na ocorrência do falecimento ou do desejo de se retirar da sociedade, por qualquer motivo, não seria justificável economicamente a "dissolução total da sociedade", como até então determinavam as legislações vigentes.

Para Amador Paes de Almeida, isso se justifica porque a "dissolução total" causa o "*rompimento, cessação, extinção de um pacto ou contrato*", instaurando-se procedimento típico de liquidação, conduzindo ao fim da personalidade jurídica da sociedade contratual que, como já vimos, gera riqueza, impacta positivamente no seu entorno, gera empregos e paga impostos.

Para Rodrigo Octávio Mendes, a partir da evolução deste entendimento, e do fortalecimento do princípio da preservação da empresa, bem como da sua função social no reconhecimento de que a empresa gera riqueza e precisa ter sua integridade preservada, a doutrina e a jurisprudência passaram a perceber que seria mais proveitoso permitir uma "dissolução parcial" da sociedade, com a sua continuidade após o respectivo evento de retirada, exclusão ou falecimento de um sócio.

Conforme bem traduzido por Fabio Ulhoa Coelho, "*a jurisprudência construiu o instituto da 'dissolução parcial' partindo do princípio da preservação da empresa. A crescente complexidade das relações sociais e econômicas tem obrigado a ordem jurídica a reconhecer que a empresa, sendo uma atividade organizada de produção ou circulação de bens ou serviços, é o foco de interesses múltiplos e diversos, que transcendem os dos sócios da sociedade empresária*".

Paulo Henrique dos Santos Lucon explica que a evolução deste princípio também passou a acontecer em outros países: "*remédios semelhantes – voltados ao mesmo tempo para a proteção do sócio minoritário e para a preservação da empresa – foram desenvolvidos, pela via jurisprudencial, também no direito compa-*

rado (v.g., o buyout *norte-americano e o* Austritt *alemão), revelando a universalidade do problema em questão".*

Sobre o entendimento jurisprudencial e doutrinário brasileiro na vigência do CPC/1973, Marcelo Guedes Nunes explica que, *"a partir da década de 1970, a jurisprudência e a doutrina passaram a adotar uma visão plurilateral do contrato social e a nutrir valores voltados para a preservação da sociedade enquanto centro de produção e circulação de riquezas, geração de empregos e pagamento de impostos. As sociedades empresárias se tornaram o principal ponto de inflexão de diversas relações jurídicas no mercado capitalista e, com o incremento da sua complexidade, soava exagerada a solução de colocar fim a todo um plexo de relações, apenas porque um dos seus sócios havia falecido ou se decidira por retirar ou renunciar à sua condição".*

Por outro lado, a jurisprudência se revelou um grande marco sobre a possibilidade de "dissolução parcial" da sociedade, fundamentado no princípio da preservação da empresa, conforme se depreende do julgamento de 1978, Recurso Extraordinário n.º 89.464/SP, de relatoria do Ministro Décio Miranda. Nesta decisão, determinou-se a apuração de haveres do sócio retirante. Vejamos:

> "RE 89464 Órgão julgador: Segunda Turma Relator(a): Min. CORDEIRO GUERRA Redator(a) do acórdão: Min. DÉCIO MIRANDA Julgamento: 12/12/1978 Publicação: 04/05/1979 Ementa - COMERCIAL. DISSOLUÇÃO DE SOCIEDADE LIMITADA. PEDIDA A DISSOLUÇÃO TOTAL POR SÓCIO DISSIDENTE, NÃO É POSSÍVEL, EM PRINCÍPIO, DECRETAR A "DISSOLUÇÃO PARCIAL", COM SIMPLES APURAÇÃO CONTÁBIL DOS HAVERES DO AUTOR. **ADMITIDA QUE SEJA A "DISSOLUÇÃO PARCIAL" EM ATENÇÃO** À **CONVENIÊNCIA DA PRESERVAÇÃO DO EMPREENDIMENTO**, DAR-SE-Á ELA MEDIANTE FORMA DE LIQUIDAÇÃO QUE A APROXIME DA DISSOLUÇÃO TOTAL. NESSE CASO, DEVE SER ASSEGURADA AO SÓCIO RETIRANTE SITUAÇÃO DE IGUALDADE NA APURAÇÃO DE HAVERES, FAZENDO-SE ESTA COM A MAIOR AMPLITUDE POSSÍVEL, COM A EXATA VERIFICAÇÃO, FÍSICA E CONTÁBIL, DOS VALORES DO ATIVO. (STF, Recurso Extraordinário n.º 89.464/SP, de Relatoria do Ministro Décio Miranda, grifo nosso)

Muitos são os juristas que se debruçam sobre o tema do princípio da preservação da Empresa. Fabio Ulhôa Coelho ensina que, "*(...) no princípio da preservação da empresa, construído pelo moderno Direito Comercial, o valor básico prestigiado é o da conservação da atividade (e não do empresário, do estabelecimento ou de uma sociedade), em virtude da imensa gama de interesses que transcendem os dos donos do negócio e gravitam em torno da continuidade deste; assim, os interesses de empregados quanto aos seus postos de trabalho, de consumidores em relação aos bens ou serviços de que necessitam, do fisco voltado à arrecadação e outros*".[1]

Por meio deste princípio, não se deve levar em consideração os interesses individuais dos sócios nos eventos de suas respectivas retiradas da sociedade, seja qual for o motivo, mas sim a função social da empresa, como a preservação dos empregos que ela gera, sejam eles diretos ou indiretos, e os interesse dos consumidores, por exemplo.[2] Para Fábio Ulhoa Coelho, "*a empresa cumpre a função social ao gerar empregos, tributos e riqueza, ao contribuir para o desenvolvimento econômico, social e cultural da comunidade em que atua, de sua região ou do país, ao adotar práticas empresariais sustentáveis visando à proteção do meio ambiente e ao respeitar os direitos dos consumidores, desde que com estrita obediência às leis a que se encontra sujeita*".[3]

Ainda sobre os princípios da função social e da preservação da empresa, afirma Gladson Mamede que "*corolário do princípio da função social da empresa é o princípio da preservação da empresa, metanorma que é diretamente decorrente daquela anterior: é preciso preservar a empresa para que ela cumpra a sua função social. Pontua-se, assim, a existência de um interesse público na preservação da estrutura e da atividade empresarial, isto é, na continuidade das atividades de produção de riquezas pela circulação de bens ou prestação de serviços, certo que a empresa atende não apenas aos interesses de seu titular, de seus sócios (se sociedade empresarial), e de seus parceiros negociais.* Mutatis mutandis, *sobressai-se a percepção dos efeitos deletérios da extinção das atividades empresariais que, mais do que prejudicar isoladamente o empresário ou sociedade empresária, bem como seus parceiros negociais diretos (trabalhadores, fornecedores, clientes), prejudica a sociedade em geral*".[4]

---

1 COELHO, Fábio Ulhoa. *Curso de direito comercial*. 12ª ed. São Paulo: Saraiva, 2011. p. 31.

2 LUCCA, Newton de. A recuperação judicial à luz da preservação da empresa. In: LUCCA, Newton de; VASCONCELOS, Miguel Pestana de (Coord.). Falência, insolvência e recuperação de empresas: estudos luso- brasileiros. São Paulo: Quartier Latin, 2015.

3 COELHO, *Curso...*, p. 76.

4 MAMEDE, Gladston. *Direito empresarial brasileiro: empresa e atuação empresarial*. 11ª ed. São Paulo: Atlas, 2019. p. 97.

Vê-se, assim, que a "dissolução parcial" passou a ser reconhecida pela doutrina e pela jurisprudência a partir dos anos 60, tendo se fortalecido com a promulgação da Constituição Federal de 1988, que inaugurou uma ordem econômica fundada na livre iniciativa e na valorização do trabalho humano, implicitamente descrita no art. 170, demonstrando o quão importante é a manutenção da atividade empresarial.[5] Neste sentido, Marcelo Guedes Nunes aduz: "*O princípio da preservação da empresa, implícito na Constituição Federal, reconhece na empresa o núcleo fundamental na geração e difusão de riquezas da sociedade capitalista. O princípio, é importante esclarecer, não torna as empresas indissolúveis. A preservação da empresa como princípio hierarquiza as soluções oferecidas pela ordem jurídica para solução de crises societárias, de tal forma que a dissolução total é colocada como remédio último, aplicável somente quando não houver nenhuma outra solução e quando nenhum sócio ou outro interessado na continuidade da sociedade se voluntarie*".[6]

Historicamente, como já dito, este princípio da preservação da empresa começou a ter força nos anos 60, embora tenha sido efetivamente firmado a partir dos anos 70. Em 1988, seguindo este sentimento, foi promulgada a Constituição Federal, que teve como objetivo a melhor organização da ordem econômica e da justiça social.

Fundamentando a justiça social, passou a se valorizar o trabalho humano, a livre iniciativa e a existência digna, inclusive para permitir a geração de riquezas. A empresa, como geradora de riquezas, passou a ter a obrigação de atender à sua função social (conforme art. 5º, inciso XXIII), ou seja, a sua manutenção passou a estar diretamente ligada aos princípios constitucionais.

Sobre a função social, Gladson Mamede discorre: "*pontua-se, assim, a existência de um interesse público na preservação da estrutura e da atividade empresarial, isto é, na continuidade das atividades de produção de riquezas pela circulação de bens ou prestação de serviços, certo que a empresa atende não apenas aos interesses de seu titular, de seus sócios (se sociedade empresarial), e de seus parceiros negociais.* Mutatis mutantis, *sobressai-se a percepção dos efeitos deletérios da extinção das atividades empresariais que, mais do que prejudicar isoladamente*

---

5 DALSENTER, Thiago. *Breves considerações acerca do princípio da preservação da empresa como limitação ao poder de tributar e seus reflexos na legislação tributária.* Disponível em (https://www.migalhas.com.br/depeso/140719/breves-consideracoes-acerca-do-principio-dapreservacao-da-empresa-como-limitacao-ao-poder-de-tributar-e-seus-reflexos-na-legislacaotributaria) Acesso em: 14.02.2022.

6 NUNES, *Dissolução...*, p. 224.

o empresário ou sociedade empresária, bem como seus parceiros negociais direitos (trabalhadores, fornecedores, clientes), prejudica a sociedade em geral.".[7]

Assim, a empresa passou a assumir uma posição de transformação junto à sociedade, com o dever de beneficiá-la como um todo, inclusive seus funcionários e colaboradores, consumidores, fornecedores, o entorno em que está inserida, dentre outros, devendo afastar os interesses individuais dos sócios e assumir o seu papel relevante junto à sociedade.

Após a promulgação da Constituição Federal de 1988, o princípio da preservação da empresa foi refletido, também, no art. 47 da lei 11.101/05, que dispõe sobre a recuperação judicial, a extrajudicial e a falência do empresário e da sociedade empresária. Veja: *"art. 47. A recuperação judicial tem por objetivo viabilizar a superação da situação de crise econômico-financeira do devedor, a fim de permitir a manutenção da fonte produtora, do emprego dos trabalhadores e dos interesses dos credores, promovendo, assim, a preservação da empresa, sua função social e o estímulo à atividade econômica.".*

Diante da função social da empresa e de toda a sua responsabilidade no meio em que está introduzida, a preservação da sociedade é de extrema relevância não só para sócios e fundadores, mas também para a sociedade como um todo.

A aplicação do Princípio da Preservação da Empresa passou a trazer mais segurança jurídica e econômica aos investidores e aos indivíduos que dependem dela para sua sobrevivência, de forma direta ou indireta. Estudos realizados neste contexto concluíram que houve uma queda expressiva no procedimento judicial de "dissolução total" de sociedades, dando-se preferência à continuidade da sociedade, sob qualquer prisma.

Neste sentido, segundo análises do trabalho desenvolvido por Marcelo Guedes Nunes[8] apresentado em sua tese de doutorado, através da utilização de métodos empíricos quantitativos no estudo do Direito entre os anos de 1997 e 2007, e 2008 e 2011, foi detectado um decréscimo de 46,8% para 40,7% nas ações de dissolução total de sociedades, com tendência a uma queda mais significativa nos anos seguintes.

---

7 MAMEDE, p. 52.

8 NUNES, *Jurimetria...* .

02.07. Dissolução das sociedades no Código de Processo Civil de 2002.

Passados tantos anos sem que o tema "dissolução parcial" da sociedade fosse positivado, o Código Civil de 2002 foi o primeiro diploma a prever explicitamente sua aplicação. Tratou o referido código de separar as duas situações, tratando da "dissolução total" em seus arts. de 1.033 a 1.038 e da "dissolução parcial" nos arts. de 1.028 a 1.032, nomeando a Seção V do Capítulo I do Subtítulo da Sociedade Personificada de "Resolução da Sociedade em Relação a um Sócio".

Na Seção IV, "Das Relações com Terceiros", no entanto, o legislador também previu a possibilidade da "dissolução parcial" no caso da liquidação da quota de sócio eventualmente devedor, para que fosse realizado o pagamento de suas dívidas com terceiros, conforme art. 1.026, que dispõe sobre a possibilidade de o credor do sócio liquidar a quota do seu devedor. As novas disposições se iniciam pela morte do sócio. Pela redação do art. 1.028 do Código Civil de 2002, é possível depreender que a morte de um dos sócios causa a liquidação de sua quota, salvo se o contrato social dispuser de modo diverso, se os sócios decidirem pela dissolução da sociedade ou entrarem em acordo com os herdeiros do sócio falecido, no caso de sua substituição no quadro social da sociedade.

Pela redação do artigo é possível perceber a regra geral escolhida pelo legislador, de preservação da empresa, já que determina a liquidação da quota do sócio falecido e não a extinção da sociedade. As exceções que podem levar à "dissolução total" da sociedade são dispostas apenas após a regra geral de manutenção da sociedade.

Em seguida, o Código Civil abarca o direito constitucional de que ninguém é obrigado a contratar ou permanecer contratado sem a sua vontade, de forma que o sócio passa a ter o direito de se retirar voluntariamente da sociedade, conforme previsão expressa dos art. 1.029, sem necessidade de justificar sua vontade. Esta mesma possibilidade também é prevista no art. 1.077, por meio da dissidência do sócio pela *"modificação do contrato, fusão da sociedade, incorporação de outra, ou dela por outra"*.

Outros meios de retirada dos sócios são positivados pelo Código Civil de 2002, como a cessão da quota e a renúncia. O art. 1.029, que trata da retirada do sócio, prevê que este deve notificar os demais sócios com 60 dias de antecedência, quando a sociedade tiver prazo indeterminado, ou provando judicialmente a justa causa, quando esta tiver sido firmada por prazo determinado.

Já a exclusão foi outra forma de "dissolução parcial" positivada no Código Civil de 2002, que não é discricionária, mas ocorre por uma justa causa, conforme disposição dos arts. 1.004 e 1.058, bem como do art. 1.030 (exclusão judicial) e art. 1.085 (Exclusão extrajudicial). Algumas justificativas para a justa causa perpassam o inadimplemento do contrato social, a falta grave, a incapacidade superveniente, a declaração de falência ou liquidação de quota. As hipóteses de justa causa que não são falta grave consistem em: o sócio ser considerado remisso, falido ou ter suas quotas liquidadas a pedido do credor.

A perda da *affectio societatis* a autorizar a exclusão do sócio não está prevista em lei, mas é frequentemente utilizada como base no ajuizamento de ações judiciais de conflitos societários. Segundo Marcelo Guedes Nunes[9], em uma pesquisa realizada em 2011, 70,2% das exclusões judiciais foram fundamentadas na perda da *affectio societatis*.

Superada a possibilidade de "dissolução parcial" de sociedade pelo legislador, a forma de liquidação da quota do sócio falecido, excluído, dissidente ou retirante restou positivada no art. 1.031, CC/2002. O preceito descreve que, *"nos casos em que a sociedade se resolver em relação a um sócio, o valor da sua quota, considerada pelo montante efetivamente realizado, liquidar-se-á, salvo disposição contratual em contrário, com base na situação patrimonial da sociedade, à data da resolução, verificada em balanço especialmente levantado."*.

Percebe-se que o Código Civil privilegiou a autonomia da vontade das partes, concedendo a elas o direito de dispor qual será o melhor critério para avaliar o próprio negócio. Assim, o Código Civil deu preferência à eventual disposição contratual formalizada entres os sócios, para fins da fixação do critério de cálculo dos haveres devidos àquele que deixa de fazer parte da sociedade. A passagem que comprova a preferência pelo critério escolhido pelas partes é: "salvo disposição contratual em contrário".

Assim, em não havendo ajuste entre os sócios, a quota deverá ser liquidada com base "na situação patrimonial da sociedade", que deve ser calculada por meio de um "balanço especialmente levantado".

Apesar de parecer simples à primeira vista, esta disposição legal é capaz de causar interpretações das mais diversas, causando grandes conflitos, o que vem se comprovando na prática, pois é comum encontrar grandes ju-

9 NUNES, *Dissolução...*, p. 224.

ristas e doutrinadores debatendo de forma totalmente oposta sobre a aplicação deste artigo e sobre a forma de "apuração de haveres" do sócio que não faz mais parte da sociedade.

Uma análise seca do artigo parece apontar para apenas duas situações: ou os sócios dispuseram antecipadamente sobre os critérios de apuração dos haveres daquela sociedade, nos casos de "dissolução parcial", ou deve ser aplicado o art. 1.031 do Código Civil de 2002, apurando-se os haveres com base na situação patrimonial da sociedade.

A previsão contratual dispondo sobre os critérios de "apuração de haveres" deveria ser capaz de delimitar a amplitude da disputa. Pedro Guilhardi explica: "*Nesse contexto de anormal indisposição entre as partes em disputa, nada melhor há do que um conjunto de regras claro e objetivo o tanto quanto possível, pois traz segurança jurídica ao devedor, assim como ao credor. Sabem, de antemão, o que têm a perder e a ganhar, facilitando a superação da crise instaurada.*".[10]

Isso significa dizer que qualquer forma de apuração de haveres disposta antecipadamente pelos sócios tem validade? Esta é uma primeira questão, que merece breve explanação.

Se os critérios fixados em acordo de sócios ou mesmo pelo contrato social não se basearem nos princípios legais de avaliação de sociedades, como por exemplo, a proibição de enriquecimento injustificado de qualquer uma das partes, ele pode ser anulado, aplicando-se o critério legal em sua substituição.

Da mesma forma, temos o acordo eventualmente assinado por vício de vontade de alguma das partes, por erro, dolo ou simulação.

Esta anulação ou desconsideração do acordo prévio estabelecido pelos sócios pode ter por fundamento qualquer outro motivo, pois embora a legislação brasileira preveja certas condições para a anulação de atos jurídicos, na prática vemos que tudo pode ser alegado.

Não é este, no entanto, o entendimento de Mauricio Bunazar, que entende que a previsão contratual livremente estipulada pelas partes só pode ser anulada na ocorrência de uma das situações legalmente previstas: "*Embora a lei pareça facultar à parte amplo direito de pleitear a revisão do critério de apuração, deve-se, a partir de uma análise sistemática do conjunto normativo, concluir que o pedido de revisão deve se fundamentar em alguma das hipóteses legais que admitem a revisão dos contratos, designadamente os art. 317 e 478/479 do Código Civil -cabendo fazer notar, quanto a estes últimos dispositivos, que o devedor é a sociedade-, mesmo quando, em razão da omissão das partes (o que também deve ser*

10 GUILHARDI, p. 277.

qualificado como fruto da autonomia privada), o critério de apuração seja aquele previsto no art. 606 do Código de Processo Civil.".[11]

Há os casos, no entanto, em que a previsão do contrato não permita esclarecer, com segurança, o critério escolhido pelas partes. Neste sentido, Marcus Elidius Michelli de Almeida e Marcelle Silbiger Stefano sustentam que *"De fato, a lei estabelece que o método de apuração previsto no contrato social deve prevalecer em relação a qualquer outro. Todavia, referida autonomia negocial nem sempre proporciona os elementos necessários à aplicação do contrato, seja pela omissão desse aspecto, seja pela previsão abstrata do instituto".*[12]

Assim, o correto seria prevalecer o acordo feito pelas partes sobre os critérios que serão utilizados para a "apuração de haveres", para garantir segurança jurídica no ambiente negocial, mas, na prática, não é o que acontece.

A prevalência que a lei deu ao acordo entre os sócios e a sociedade sobre a forma, critérios, prazos e demais questões para os casos de "dissolução parcial" da sociedade, afastando o critério legal e privilegiando a autonomia da vontade das partes, maiores, capazes e empresários, afetos às questões comerciais e, portanto, conhecedores dos termos negociados tem sido afastada, mitigando a força obrigatória dos contratos no caso de acordo sobre a "apuração dos haveres".

O Recurso Especial n.º 1.335.619/SP, de relatoria da Ministra Nancy Andrighi, foi o precursor deste entendimento, sendo que atualmente é replicado como sendo a posição uníssona do STJ sobre o assunto. Vejamos a ementa:

> DIREITO EMPRESARIAL. "DISSOLUÇÃO PARCIAL" DE SOCIEDADE POR QUOTAS DE RESPONSABILIDADE LIMITADA. SÓCIO DISSIDENTE. CRITÉRIOS PARA APURAÇÃO DE HAVERES. BALANÇO DE DETERMINAÇÃO. FLUXO DE CAIXA. 1. Na "dissolução parcial" de sociedade por quotas de responsabilidade limitada, **o critério previsto no contrato social para a apuração dos haveres do sócio retirante somente prevalecerá se houver consenso entre as partes quanto ao resultado alcançado.** 2. Em caso de dissenso, a jurisprudência do Superior Tribunal de Justiça está consolidada no sentido

11 BUNAZAR, Mauricio. *Notas sobre as cláusulas de apuração e pagamentos de haveres insertas em contratos sociais.* Disponível em: https://www.migalhas.com.br/coluna/migalhas-contratuais/351477/clausulas-de-apuracao-e-pagamentos-de-haveres-em-contratos-sociais. Acesso em: 10.10.2022.

12 ALMEIDA, STEFANO, p. 333.

> de que o balanço de determinação é o critério que melhor reflete o valor patrimonial da empresa. 3. O fluxo de caixa descontado, por representar a metodologia que melhor revela a situação econômica e a capacidade de geração de riqueza de uma empresa, pode ser aplicado juntamente com o balanço de determinação na apuração de haveres do sócio dissidente. 4. Recurso especial desprovido. (REsp 1335619 / SP, Relatora Ministra Nancy Andrighi, Terceira Turma, grifo nosso)

Vê-se, portanto, que o próprio STJ entende que, em havendo dissenso sobre o "resultado" alcançado através do critério de "apuração de haveres" previamente acordado entre as partes, deve-se aplicar o critério legal, ou seja, o balanço de determinação especialmente levantado, refletindo o valor patrimonial da sociedade.

A segunda questão que se coloca sobre a "apuração de haveres" no bojo do Código Civil de 2002 é quando não existe pactuação contratual ou esta é afastada, atraindo a aplicação do art. 1.031, efetuando-se a liquidação da quota "com base na situação patrimonial da sociedade".

Como se verá mais adiante, os conflitos que se colocaram sob a forma de "apuração de haveres", com base no critério legal do art. 1.031 do Código Civil, são dos mais variados, perpetrando a insegurança jurídica que o ambiente negocial tanto busca evitar.

Inobstante o exercício da atividade individual de cada sociedade impactar a forma como ela deverá ser avaliada, sendo correto e justo analisar caso a caso para decidir melhor pelo critério a ser utilizado, a inexistência de critérios objetivos e o desconhecimento dos julgadores causa completa insegurança jurídica, apta a afastar os investidores, o que retarda o crescimento econômico do país.

03.

A APURAÇÃO DE HAVERES ANTES DO CPC 2015

Apesar de finalmente contemplar a "dissolução parcial" com a respectiva "apuração de haveres", o Código Civil de 2002, como já mencionado, não foi capaz de eliminar os conflitos interpretativos quanto às várias questões que se colocaram desde então.

Neste contexto, a data base para fins de apurar os haveres do sócio que não fazia mais parte da sociedade e os critérios que deveriam ser utilizados para calcular adequadamente o reembolso do valor de suas quotas passaram a gerar enormes conflitos, contribuindo ainda mais para um sistema de insegurança jurídica e para o atraso na prestação jurisdicional.

Justamente em razão dos conflitos que se colocaram, a comunidade acadêmica buscou desenvolver mecanismos de soluções mais adequadas, colaborando para a criação de novas políticas públicas, buscando favorecer o ambiente econômico e gerar segurança jurídica.

Para um melhor entendimento de como estes conflitos se colocaram e como a jurisprudência se posicionava, foi realizado o primeiro estudo estatístico referente à matéria no Brasil, ensejando proposta de lei que culminou com alteração legislativa significativa sobre a "apuração de haveres" na "dissolução parcial", conforme veremos mais adiante.

03.01. Contexto dos conflitos que se colocam na apuração de haveres

Se antes a problemática que se colocava era a inexistência de previsão legal de manutenção das sociedades nos casos de rompimento do vínculo societário em relação a um dos sócios, fazendo com que a sociedade, fonte de riqueza, geração de emprego e renda, dissolvesse-se por completo, agora os inconvenientes são justamente os desfechos que a "dissolução parcial" pode trazer.

O critério e a forma de "apuração de haveres" se tornaram um campo vasto para interpretações equivocadas, instauração de longos litígios e instituição de completa insegurança jurídica, refletida no campo negocial e econômico. Nos casos da existência de previsão contratual, que deveria afastar o critério legal da liquidação da quota do sócio, prevista no art. 1.031 do Código Civil de 2002, já vimos que se tornou possível a discussão de sua validade e eficácia, antecedendo a efetiva "apuração de haveres" do sócio falecido, retirante ou excluído. Mauricio Bunazar critica esta intervenção: *"As intervenções heterônomas em questões como estas, puramente patrimoniais e disponíveis, para além de estimularem comportamentos oportunistas e desleais, colocam em risco a própria atividade econômica. Decisões como a citada acima, que substituiu o critério de apuração de haveres eleito livremente pelos sócios pelo critério chamado fluxo de caixa descontado são desastrosas para a segurança do tráfego negocial".*[1]

Ainda que assim não fosse, é comum os sócios ou a sociedade buscarem o Poder Judiciário com alegações completamente infundadas, apenas para atrasar o pagamento dos haveres e contribuir para uma situação de míngua ou de crise financeira da parte oposta, a fim de forçar um acordo mais vantajoso.

É o caso, por exemplo, da sociedade que não anui com a retirada de um sócio, mantendo-o no quadro social de uma sociedade em declínio, apenas para negociar um valor mais vantajoso pelo reembolso de sua quota. Marcelo Guedes Nunes reforça a utilização desta estratégia que, segundo ele, ocorre às custas do Poder Judiciário, cuja morosidade, nestes casos, beneficia o estrategista: *"a recusa dos sócios remanescentes em formalizar alteração do contrato social é, portanto, uma forma de (a) retardar o pagamento do reembolso, (b) expor o sócio retirante às contingências de uma sociedade da qual ele não mais participa e, com isso, (c) pressioná-lo a aceitar uma proposta de pagamento de haveres reduzidos".*[2]

A doutrina também se debruça sobre a natural utilização do conflito para levar à solução financeira mais favorável. Marcus Elidius Michelli explica que *"vale destacar, neste momento, que aqui reside uma infindável controvérsia, pois em face dos interesses antagônicos, o sócio retirante sempre desejará valorizar as suas quotas, enquanto os sócios remanescentes desejarão reduzir ao máximo o valor de reembolso que a sociedade terá de pagar ao retirante".*[3]

---

1 BUNAZAR, Mauricio. *Notas sobre as cláusulas de apuração e pagamentos de haveres insertas em contratos sociais.* 2021.

2 NUNES, *Dissolução...* p. 224.

3 ALMEIDA, Marcus Elidius Michelli de. *Sociedade Limitada: Causas de "dissolução parcial" e apuração de haveres in Direito Processual Empresarial.* Rio de Janeiro, Elsevier, 2012.

E em outro trabalho, reforça: *"além disso, a necessidade de análise técnica e justa do tema reside na litigiosidade e controvérsia que permeiam o procedimento da apuração. Isso porque é neste momento que duas vontades diametralmente opostas se veem em conflito: se por um lado o sócio retirante deseja obter o maior reembolso possível, por outro os sócios remanescentes buscam o menor prejuízo à sociedade que se mantém em atividade"*.[4]

Analisando a jurisprudência brasileira, Pedro Guilhardi também conclui pela utilização destes estratagemas nos litígios envolvendo a "dissolução parcial" das sociedades: *"a análise do tempo de duração de processos permitiu concluir que a resistência dos sócios em formalizar a retirada tem a função de criar desconforto para forçar a negociação de um valor de haveres menor, pelo que, em muitos casos, a dissolução em si não é controvertida, mas apenas a apuração dos haveres respectivos"*.[5]

E no mesmo trabalho, Pedro Guilhardi conclui que estas dificuldades são criadas na intenção de forçar a aceitação de um pagamento menor do que o devido pela sociedade de fato, sendo essa uma prática que se observa com certa recorrência.

Com relação aos critérios e as formas de "apuração de haveres" positivada no Código Civil de 2002, a análise da jurisprudência brasileira entre os anos de 1997 e 2011 por Marcelo Guedes Nunes, apresentada em sua tese de doutorado, concluiu que a legislação em vigor não foi capaz de solucionar os conflitos que se instalaram, na prática, quando ocorre a "dissolução parcial" da sociedade, causando uma enorme insegurança jurídica, favorecendo a instauração de longos litígios e a instabilidade econômica dos envolvidos, conforme se verá adiante, de forma mais detalhada".[6]

03.02. Análise geral dos julgados do TJSP - evolução histórica

Vimos que, antes mesmo da promulgação da Constituição Federal de 1988, que inaugurou um sistema baseado na livre iniciativa e na valorização do trabalho humano, a Jurisprudência já vinha aplicando o princípio da preservação da empresa para permitir a sua continuidade quando um sócio dela se retirasse, por qualquer motivo.

---

4 Idem.

5 GUILHARDI, p. 60.

6 NUNES, *Jurimetria aplicada...* .

Como já salientado, a "dissolução parcial" iniciada junto à jurisprudência passou a ocorrer quando os tribunais, por cautela, não decretavam a extinção das sociedades produtivas, sob o fundamento do princípio da preservação da empresa.

Na locução identificadora deste princípio, portanto, "empresa" é conceito de sentido técnico, bem específico e preciso. Não se confunde nem com o seu titular ("empresário") nem com o lugar em que é explorada ("estabelecimento empresarial"). O que se busca preservar, na aplicação do princípio da preservação da empresa, é, portanto, a atividade econômica, o empreendimento.

Como também já foi salientado, o Recurso Extraordinário 89.464-1/SP, julgado em 12 de dezembro de 1978, foi um marco no reconhecimento da "dissolução parcial" da sociedade, com base no princípio da preservação da empresa, concluindo pela "apuração de haveres" do sócio retirante. Neste processo, o sócio retirante pleiteou que a apuração de haveres ocorresse de acordo com o art. 335, V[82] e 336[83], III do Código Comercial, ao invés da aplicação do art. 15[84] do Decreto 3.708/19. Assim dispôs a emenda do referido julgado:

> *"EMENTA: COMERCIAL. Dissolução de sociedade limitada. Pedida dissolução total por sócio dissidente, não é possível, em princípio, decretar a "dissolução parcial", com simples apuração contábil dos haveres do autor.* ***Admitida que seja a "dissolução parcial" em atenção*** *à* ***conveniência da preservação do empreendimento****, dar-se-á ela mediante forma de liquidação que a aproxime da dissolução total. Nesse caso, deve ser assegurado ao sócio retirante situação de igualdade na apuração de haveres, fazendo-se esta com a maior amplitude possível, com a exata verificação, física e contábil, dos valores do ativo".*

Como já mencionado, a base deste julgado com relação à "apuração de haveres" ainda é muito utilizada nos julgados atuais, aplicando-se a ampliação, ao máximo, da verificação exata do valor da sociedade na "dissolução parcial". Referido julgado, ainda, é utilizado como base para tantos outros, com ênfase no justo reembolso do sócio retirante ou falecido, que contribuiu para a construção da empresa.

Como já dito, o art. 668 do CPC de 1939, que previa a apuração de haveres apenas nos casos em que a morte do sócio não causasse a dissolução total da sociedade, não era suficiente para explicar a forma de "apuração de haveres" do sócio falecido. Não havia qualquer outro dispositivo neste sentido.

A resposta para esta ausência, pelo Judiciário, passou a ser fundada em elementos que não estavam contidos em lei, causando uma variedade de entendimentos, traduzindo uma enorme insegurança jurídica aos empresários.

Neste sentido, as primeiras decisões que determinaram a "dissolução parcial" advêm de pedidos de "dissolução total" com fulcro no art. 335, V, do Código Comercial de 1939, e, com a importância dada pelo Judiciário pela permanência da sociedade em pleno funcionamento, tendo como fim o aspecto econômico e social, passou a ser permitida a sua "dissolução parcial".

No entanto, aplicava-se de forma não totalitária a "apuração de haveres", conforme regra da "dissolução total", pois conforme já exposto, na "dissolução parcial", a regra era a aplicação da "apuração de haveres" como se "dissolução total" fosse, sob as regras desta, já que a parcial seria modalidade do total, pois não havia regramento específico sobre isso.

Neste contexto, diversos julgados do Tribunal de Justiça de São Paulo variaram seus entendimentos, antes da promulgação do Código de Processo Civil de 2015, quanto à "dissolução da sociedade" e a respectiva "apuração de haveres".

Primeiramente, é possível observar que somente o fim social não era motivo para a manutenção da sociedade, uma vez que, quando nenhum dos sócios tinha o interesse em dar continuidade à sociedade, o julgador entendia pela impossibilidade de sua manutenção. Vejamos:

> *"Dissolução parcial de sociedade limitada. Autor que deseja sair e réu que pede a dissolução total porque também não deseja ficar. Perda da* affectio societatis *que não é motivo para "dissolução parcial" quando se tornou inexequível o fim social pela desarmonia dos sócios. Pedido contraposto que é legítimo e que se justifica. Incidência dos arts. 1033, II, e 1034, II, ambos do Código Civil.* ***Provimento para decretar a dissolução total da sociedade****, repartida a sucumbência".* (TJSP; Apelação Cível 0001687-53.2011.8.26.0187; Relator (a): Maia da Cunha, 06/08/2013, grifo nosso)

Sob o fundamento do princípio do fim social, há diversos julgados que preferiram a "dissolução parcial" da sociedade ao invés da "dissolução total", conforme se verifica no julgamento da Apelação 9170377-51.2000.8.26.0000/TJSP, de 01 de setembro de 2009, onde relembra o julgador que a "dissolução parcial" da sociedade é invenção jurisprudencial. A ementa assim dispôs:

> *"SOCIEDADE POR COTAS DE RESPONSABILIDADE LIMITADA. "DISSOLUÇÃO PARCIAL". POSSIBILIDADE DE CUMULAÇÃO DE PEDIDO DE APURAÇÃO DE HAVERES. BALANÇO ESPECIAL QUE DEVE SE APROXIMAR DO EFETUADO EM DISSOLUÇÃO TOTAL, AVALIANDO FÍSICA E CONTABILMENTE O PATRIMÔNIO SOCIAL PARA A APURAÇÃO DO VALOR REAL DE MERCADO DA PARTICIPAÇÃO DO SÓCIO AFASTADO E DE SEUS DEMAIS CRÉDITOS. CONFIGURADA SUCUMBÊNCIA DOS RÉUS QUE EXCLUEM SÓCIO SOMENTE APÓS PROPOSITURA DE DEMANDA. HONORÁRIOS ADVOCATÍCIOS INCIDENTES SOBRE O VALOR DA CONDENAÇÃO, APURADO APÓS LIQUIDAÇÃO DA SENTENÇA".* (TJSP; Apelação Cível 9170377- 51.2000.8.26.0000; Relator (a): Antonio Vilenilson, 09/11/2009)

E no corpo do Acórdão, determina a "apuração dos haveres" como se a sociedade estivesse sendo liquidada, na toada da Jurisprudência dominante, quiçá uníssona, baseando-se no princípio da inocorrência de enriquecimento injustificado da sociedade: "É ***bem sabido ser a "dissolução parcial" de sociedades criação jurisprudencial****, processualmente tratada por analogia com as disposições tanto dos arts. 655-674 do Código de Processo Civil de 1939 (vigentes por força do art. 1218, VII, do diploma atual) quanto das normas de direito material referentes à liquidação total; no que escapa à especialidade de tais regras, à hipótese é aplicável procedimento ordinário, conforme ensina José Waldecy Lucéna (Das Sociedades por Quotas de Responsabilidade Limitada/fc Ed., Rio de Janeiro, Renovar, 2001, pp. 815-816).(...)* ***Justamente para evitar enriquecimento ilícito, a elaboração de balanço especial para a "dissolução parcial" é tão ampla quanto a realizada para dissolução total****, de forma que se deve orçar via perícia o devido ao retirado; seu valor é o mesmo que seria pago se houvesse a dissolução total da sociedade, apenas proporcional à participação do sócio retirante".* (grifo nosso)

Quanto à possibilidade de "dissolução parcial" sob o fundamento da função social, há o julgado do Agravo de instrumento 9040382-14.2002.8.26.0000 do TJSP, que assim dispôs: "***A ordem jurídica admite que o juiz*** *encarregado de julgar ação de dissolução de sociedade* ***possa****, se assim o exigir as circunstâncias,* ***dissolver parcialmente a sociedade****, permitindo sua sobrevida comercial,* ***motivo de interesses econômicos e sociais relevantes****".*

Egberto Lacerda Teixeira escreveu a esse respeito e citou a decisão pioneira, tida como *leading case*, do STF (relator Min. CORDEIRO GUERRA - RE 89.464-1 SP) pelo qual se admitiu, em pedido de dissolução e liquidação da sociedade, a "dissolução parcial", com a retirada do autor, com pagamento de seus haveres.[7]

Inclusive para sociedades anônimas o STJ cunhou o seguinte e significativo enunciado:

> *"O princípio da preservação da sociedade e de sua utilidade social afasta a dissolução integral da sociedade anônima, conduzindo à 'dissolução parcial'" (REsp. 111.294 PR, Min. BARROS MONTEIRO, in RSTJ 146/323).".* (TJSP; Apelação Cível 9170377-51.2000.8.26.0000; Relator (a): Antonio Vilenilson, 09/11/2009, grifo nosso)

Confrontando o entendimento dominante da jurisprudência acerca da manutenção da empresa, tem-se julgados confirmando a "dissolução total" da sociedade ainda que houvesse pedido de "dissolução parcial". Assim foi decidido na Apelação 0116752-17.2007.26.0000:

> *"DISSOLUÇÃO DE SOCIEDADE –* ***Pleito formulado por sócio que pretende se retirar da empresa. Sentença de procedência, decretando a dissolução integral da sociedade,*** *nomeando, outrossim, o autor como administrador da empresa.* ***Réus que, em contestação, postularam a "dissolução parcial", força do princípio da preservação da empresa.*** *Apelo do autor,* ***"dissolução parcial" da empresa que se mostra inviável,*** *não só pelo desinteresse dos réus vislumbrado no curso da lide, mas também por ausência de demonstração de saúde financeira da empresa. Dissolução total adequada - Necessidade, entretanto, de nomeação de liquidante dativo pelo Juízo, nos termos do art. 657 do Código de Processo Civil de 1939 diante da existência de divergência entre os dois sócios. Verba sucumbencial que deverá ser custeada pelos réus - Apelo parcialmente provido".* (TJSP; Apelação Cível 17.2007.8.26.0000; Relator (a): Ramon Mateo Júnior, 13/12/2013, grifo nosso)

---

7 TEIXEIRA, Egberto Lacerda. *Sociedades limitadas e anônimas no direito brasileiro.* São Paulo: Saraiva, 1987. p. 80.

Alguma análise de julgados do TJSP, no contexto histórico até a promulgação do Código Civil de 2002 e antes da promulgação do Código de Processo Civil de 2015, permite concluir que havia diversos entendimentos quanto à forma de apuração de haveres: a) há julgado que traduz como ineficaz qualquer cláusula que preveja critério de apuração de haveres por meio do valor "meramente contábil" da sociedade; b) outros que determinam que o critério a ser utilizado seja o mesmo usado na "dissolução total" da sociedade; e, c) há ainda julgados que determinam a inclusão dos bens incorpóreos ao cálculo, como o fundo de comércio e a marca, por exemplo.

Desta análise, destaca-se a importância da diferenciação da forma de "apuração de haveres" e como se dará o seu pagamento, já que a jurisprudência entendia que havia um limite na liberdade dos contratos firmados, desconsiderando a autonomia da vontade das partes.

Segundo o entendimento jurisprudencial da época, a "apuração de haveres" deveria ser ampla e integral, com o intuito de apurar o valor real da sociedade, utilizando o mesmo critério da "dissolução total". Já quanto à forma de pagamento dos haveres, tinha-se se como regra geral o estipulado contratualmente, exceto quando havia alguma particularidade a ser considerada, quando as cláusulas sobre o pagamento seriam declaradas nulas ou ineficazes.

Nos julgados analisados, não foi identificada nenhuma decisão que considerasse válida a cláusula da "apuração de haveres" que fixasse o critério contábil para seu cálculo, mas em sua substituição, a determinação da apuração pelo valor real da sociedade. Vejamos:

> *"Sociedade limitada - "dissolução parcial" - Reembolso - Apuração de haveres - Valor apurado com base na situação patrimonial da sociedade - Recurso improvido. **A doutrina e a jurisprudência têm se manifestado no sentido de que, na hipótese de "dissolução parcial" da sociedade, o valor de reembolso do sócio excluído deve ser estimado com base na real situação patrimonial da sociedade empresária; vale dizer, ele deve ser reembolsado de acordo com o real valor patrimonial da sua participação na sociedade empresária, a fim de se evitar o enriquecimento ilícito da própria sociedade e dos sócios remanescentes**".* (TJSP. Apelação Cível 9154404-51.2003.8.26.0000; Relator (a): Jesus Lofrano, 01/06/2010, grifo nosso)

Ainda sobre este julgado, justifica o ilustre julgador: *"a propósito, Manuel de Queiroz Pereira Calças: em qualquer hipótese de exclusão de sócio, terá ele direito de receber o reembolso do valor de suas quotas – ou do saldo no caso de liquidação – apurado com base na situação patrimonial da sociedade na data da exclusão, verificado em balanço especialmente levantado. A propósito, já se manifestou este Tribunal: sociedade por cotas de responsabilidade limitada. 'dissolução parcial'. Decretação, por quebra da 'affectio societatis'.* ***Pagamento de haveres mediante avaliação do real e atualizado patrimônio social.*** *Levantamento técnico a ser realizado por perito judicial e que consistirá em verdadeiro balanço especial. Sentença confirmada. Sucumbência. Aplicação do princípio, em razão da resistência manifestada pelas co-rés. Apelação não provida".* (Apelação Cível nº 387.129-4/7, rei. José Roberto Bedran. J. 05/09/2006) ***Esse também é o entendimento do Superior Tribunal de Justiça: Na dissolução de sociedade de responsabilidade limitada, a apuração de haveres, no caso de sócio retirante ou pré-morto, ou ainda por motivo da quebra da 'affectio societatis', há de fazer-se como de dissolução total se tratasse,*** *posto que, segundo a jurisprudência do STJ, essa linha de entendimento tem por escopo preservar o 'quantum' devido ao sócio retirante, que deve ser medido com justiça, evitando-se, de outro modo, o locupletamento indevido da sociedade ou sócios remanescentes em detrimento dos retirantes".*

No mesmo sentido foi o julgado da Apelação 9222354-04.2008.8.26.0000 e tantos outros:

> "DISSOLUÇÃO PARCIAL DE SOCIEDADE LIMITADA. APURAÇÃO DE HAVERES. BALANÇO ESPECIAL INDISPENSÁVEL. APURAÇÃO DE TODO O PATRIMÔNIO DA SOCIEDADE, **COM BASE EM SEU VALOR REAL E NÃO MERAMENTE CONTÁBIL.** PAGAMENTO PARCELADO DA PARTE CABENTE AO SÓCIO EXCLUÍDO. PREVISÃO CONTRATUAL. POSSIBILIDADE – PREJUDICIAL DE NULIDADE DA SENTENÇA AFASTADA – RECURSO DOS AUTORES PARCIALMENTE PROVIDO DESPROVIDO O DOS RÉUS". (TJSP; Apelação Cível 9222354- 04.2008.8.26.0000; Relator (a): Moreira Viegas, 11/03/2012, grifo nosso)

Em fundamentação, o ilustre julgador aduz: *"equívoco houve, apenas e tão somente, na questão referente ao método de apuração do patrimônio da sociedade.* ***Necessário essa apuração se dê da forma mais ampla possível, com base no real***

valor e não meramente contábil*. É essa amplitude imperiosa nas circunstâncias particulares do caso sob exame, dado que aos autores não pode ser imputado valor irrisório tão só baseado no balanço elaborado pelo sócio remanescente. Certo que o balanço especial deve ser levantado na data da retirada do sócio, apurando-se o patrimônio da empresa, incluídos os bens incorpóreos de sua titularidade. Saliente-se que deve ser considerada, para este fim, a data do seu falecimento, 16/10/05. (...) Nesse compasso,* ***adota-se como critério*** *para estabelecer o quantum devido* ***o mesmo que seria utilizado no caso da dissolução total****, procedendo-se à reavaliação, mediante balanço especial a ser realizado por perito, com levantamento técnico e fundamentado, de todo o patrimônio da sociedade com base no valor real de mercado,* ***refutando-se mera apuração contábil****"*. (grifo nosso)

Neste último julgado, o entendimento do julgador de primeira instância era de que a "apuração dos haveres" deveria ser meramente contábil, ocorrendo a reforma deste ponto no Tribunal, para que fosse realizada de forma mais ampla, apurando o seu valor real, não olvidando de que deve ser sempre baseado no princípio da preservação da empresa, motivo pelo qual é determinada a "dissolução parcial" da sociedade.

Importante é também destacar que, embora tenha se falado em apuração ampla, não se descreveu, exatamente, o que seria e como deveria ser esta apuração.

Utilizando como base os julgados analisados no Tribunal de Justiça de São Paulo (TJSP), pode-se sugerir que, para o período anterior a 2015, as cláusulas contratuais baseadas em fixação de "apuração de haveres" que considerassem somente o critério contábil não tinham validade.

Um ponto muito discutido nos processos analisados foi a inclusão dos bens incorpóreos no ativo da sociedade. Dos julgados analisados, foi possível depreender que apenas casos isolados não consideraram a composição do fundo de comércio ao ativo da empresa para fins de "apuração de haveres".

Outro ponto levantado em outros julgados do TJSP é a validade das cláusulas contratuais pactuadas pelos sócios, como já vimos anteriormente. Na maioria das decisões, o julgador entendeu que, não havendo justificativa de nulidade ou invalidade baseada em um prejuízo (inclusive o não tratamento de forma isonômica dos sócios), deveria prevalecer a vontade das partes.

Veja-se que na Apelação n.º 0163907-02.2010.8.26.0100, foi levada em consideração a forma de pagamento parcelada dos haveres conforme estipulado em contrato, ainda que não prevista em lei. Nesse sentido:

> *"AÇÃO DE EXCLUSÃO DE SÓCIO. Sociedade Limitada constituída por dois sócios. Sentença de procedência em parte para decretar a 'dissolução parcial' da sociedade, com a exclusão do réu e apuração de haveres, tendo como data-base a interlocutória que concedeu a administração para a autora, além de impor o pagamento em parcela única e com responsabilidade subsidiária da requerente. Também houve a extinção sem resolução do mérito do pedido reconvencional de dissolução total da sociedade. (...). Cabimento. Sociedade formada por apenas dois sócios. Cumpre a quem deseja manter a empresa e eliminar o outro o dever de responder pelas consequências econômicas de sua conduta. Pagamento dos haveres.* ***Necessidade de observância da forma estipulada em contrato, ou seja, em doze parcelas iguais.*** *Ausente circunstância excepcional a autorizar o afastamento da força vinculatória do contrato. Recurso principal conhecido em parte e nessa extensão improvido, e provido em parte o adesivo para permitir a satisfação dos haveres segundo previsto no contrato social.* (TJSP; Apelação Cível 0163907-02.2010.8.26.0100; Relator (a): James Siano; Órgão Julgador: 5ª Câmara de Direito Privado; Foro Central Cível - 36ª Vara Cível; Data do Julgamento: 20/03/2013; Data de Registro: 21/03/2013, grifo nosso)

Ainda sobre o pagamento parcelado, diante do princípio da preservação da empresa e o impacto que o pagamento em uma única parcela possa gerar, é medida que se impõe em caso de necessidade da sociedade, ainda que não estipulada em contrato.

Assim ocorreu na Apelação julgada pelo TJSP, de nº 9222354-04.2008.8.26.0000. Em interpretação favorável das cláusulas contratuais e de acordo com o mesmo princípio da preservação da empresa, foi determinado o pagamento de forma parcelada dos haveres, mesmo que não descrito explicitamente em contrato.

Ademais, considerou-se o impacto negativo que uma "dissolução parcial" é capaz de produzir nas finanças da sociedade, podendo prejudicar suas próprias atividades e o pagamento de seus credores. Vejamos:

"DISSOLUÇÃO PARCIAL DE SOCIEDADE LIMITADA. APURAÇÃO DE HAVERES. BALANÇO ESPECIAL INDISPENSÁVEL. APURAÇÃO DE TODO O PATRIMÔNIO DA SOCIEDADE, COM BASE EM SEU VALOR REAL E NÃO MERAMENTE CONTÁBIL. PAGAMENTO PARCELADO DA PARTE CABENTE AO SÓCIO EXCLUÍDO. PREVISÃO CONTRATUAL. POSSIBILIDADE – PREJUDICIAL DE NULIDADE DA SENTENÇA AFASTADA – RECURSO DOS AUTORES PARCIALMENTE PROVIDO DESPROVIDO O DOS RÉUS". (TJSP; Apelação Cível 9222354-04.2008.8.26.0000; Relator (a): Moreira Viegas; 07/03/2012; Data de Registro: 11/03/2012)

Ainda:

"Se atentarmos à literalidade dos parágrafos que dispõem sobre o ***pagamento parcelado de quotas em caso de aquisição pela sociedade, nota-se que o contrato social quedou-se silente*** *quanto ao recesso, sendo, porém,* ***cabível a interpretação favorável****, como a seguir exposto. Consideram os autores/apelantes que a disposição contratual somente seria viável em caso de retirada amigável, e o parcelamento previsto apenas para o caso de efetiva aquisição das referidas quotas pela sociedade, circunstâncias inocorrentes* in casu*, sendo aplicável à espécie o regramento do art. 1031 do CC. Todavia,* ***embora não mencionada expressamente a situação do recesso no contrato social****, o disposto no § 3º do aludido art. 19,* ***traz nítida a intenção dos sócios de prever o pagamento das quotas na forma parcelada, se necessário, com vistas a evitar o comprometimento das atividades empresariais e como forma de minimizar os efeitos da descapitalização****. Tal previsão clara de parcelamento deve ser interpretada como válida para o recesso parcial, levando em consideração a real intenção dos sócios na criação da sociedade, conforme acima constatado. Mister esclarecer que o processo de retirada dos sócios deve emprestar especial proteção aos titulares de direito patrimonial, mas* ***se o pagamento da significativa participação nas quotas efetuar-se com bens comprometidos*** à ***execução do objeto social, certamente***

> *inviabilizará a continuidade da empresa, colocará em risco seus credores e parte importante do acervo trabalhista.* *A disposição contratual em comento, pactuada certamente por antever tais efeitos desastrosos, deve ser respeitada e observada na espécie, não merecendo reparo a sentença que adotou critério formalístico quanto a essa questão, para que o pagamento dos haveres se dê na forma pactuada, ou seja, em 36 parcelas mensais e sucessivas, corrigidas monetariamente. Sobre a importância de se prestigiar a forma de parcelamento posicionou-se o C. STJ no REsp. n° 302.366/SP*, com voto da lavra do e. Min. *Aldir Passarinho Júnior: '**a 'dissolução parcial' é bastante elementar, causa trauma interno na empresa, a sua descapitalização, de modo que o pagamento parcelado atenua o impacto**, desde que, é claro, haja a correção das prestações, para não causar enriquecimento injustificado do sócio remanescente'".* (TJSP; Apelação Cível 9222354-04.2008.8.26.0000; Relator (a): Moreira Viegas; 07/03/2012; Data de Registro: 11/03/2012)

No entanto, um dos motivos de desconsideração pelo Judiciário da cláusula contratual relativa ao prazo de pagamento, é o de longa duração do processo, o que nos parece razoável.

Tem-se que o prazo para pagamento de haveres se inicia com a retirada do sócio, de forma que, se a sociedade não realizou o pagamento conforme estabelecido em contrato, o ajuizamento da ação não tem o condão de suspender a obrigação firmada, e se forem vencidas essas obrigações, não deve ser realizado o pagamento em parcelas como disposto em contrato, mas sim em uma única vez. Isso porque a sociedade teria tido tempo suficiente para se programar para o pagamento, já que o processo judicial levou mais tempo que o período do pagamento parcelado.

Esse foi o entendimento do TJSP no julgamento da apelação de nº 9183742-70.2003.8.26.0000 e confirmado no RESP 143.057 SP pelo STJ:

> *"Dissolução parcial" de sociedade cumulada com apuração de haveres. Réus após a condenação em sentença concordaram com a retirada do autor do quadro de sócios da empresa. Parte do recurso prejudicada. – **Apuração de haveres deve ser realizada de plano, com o pagamento em parcela única de***

eventual saldo em favor do autor*. Réus apresentaram resistência ao pedido do polo ativo, portanto, como vencidos devem suportar a sucumbência. – Apelo do autor provido. Recurso dos réus desprovido".* (TJSP; Apelação Com Revisão 9183742-70.2003.8.26.0000; Relator (a): Natan Zelinschi de Arruda; Órgão Julgador: 4ª Câmara de Direito Privado; Foro de Cotia - 2.VARA CÍVEL; Data do Julgamento: N/A; Data de Registro: 16/01/2007)

Ainda:

> *"RECURSO ESPECIAL Nº 143.057 - SP (1997/0055061-3) RELATOR: MINISTRO ARI PARGENDLER. RECORRENTE: SERRA DO MAR PRODUTOS DE PETRÓLEO LTDA E OUTROS. ADVOGADO: MÁRCIA REGINA MACHADO MELARE E OUTROS. RECORRIDO : JOÃO RAGUCCI. ADVOGADO : ROSELI PRINCIPE THOME E OUTROS. EMENTA COMERCIAL. DISSOLUÇÃO DE SOCIEDADE. PRAZO PARA O PAGAMENTO DOS HAVERES DO SÓCIO QUE SE RETIRA DA SOCIEDADE. O prazo contratual previsto para o pagamento dos haveres do sócio que se retira da sociedade supõe quantum incontroverso;* ***se houver divergência a respeito, e só for dirimida em ação judicial, cuja tramitação tenha esgotado o aludido prazo, o pagamento dos haveres*** é ***exigível de imediato****. Recurso especial conhecido pela letra 'c', mas não provido".*

Ainda, em caso de má gestão do sócio remanescente, a cláusula de pagamento parcelado pode ser desconsiderada, assim como ocorreu no julgado do REsp 1371843/SP:

> *No que tange ao art. 1.031, § 2º, do CC, a recorrente alegou que o pagamento dos haveres deve ser realizado no prazo de noventa dias a partir da liquidação ou conforme previsão contratual. Na hipótese, anota ainda que o contrato social prevê o pagamento parcelado. Quanto ao ponto, inicialmente, na Medida Cautelar n.º 21824/SP, em um juízo perfunctório,* ***entendi que o***

> ***pagamento de haveres deve respeitar a forma estabelecida no contrato social, prestigiando-se o princípio da força obrigatória dos contratos**, desde que observados os limites legais e os princípios gerais do direito. A decisão está em conformidade com a jurisprudência desta Corte Superior. De fato,* é assente no âmbito do STJ que ***se deve prestigiar o princípio da força obrigatória dos contratos**, razão pela qual a apuração de haveres deve se proceder da forma como estabelecida em contrato. No entanto, a jurisprudência desta Corte também entende que **nas hipóteses de enriquecimento sem causa ou ofensa à lei de ordem pública, tal princípio deve ser mitigado**. Documento: 1305947 – Inteiro Teor do Acórdão – Site certificado – DJe: 26/03/2014 Página 13 de 4. Superior Tribunal de Justiça. Além de que a cláusula contratual que prevê pagamento parcelado dos haveres do sócio retirante só pode ser aplicada em situações não litigiosas."* (Recurso Especial nº 1.371.843 - SP (2012/0226443-1) Relator: Ministro Paulo De Tarso Sanseverino. Órgão Julgador 3ª Turma, 20 de março de 2014, grifo nosso)

Percebe-se, mais uma vez, que em razão da função social da sociedade, tem-se como quase padrão da Jurisprudência a não decretação de sua "dissolução total", mas sim a aplicação da "dissolução parcial", tendo como regra o critério de "apuração de haveres" como se "dissolução total" fosse levando em consideração a vontade contratada, com algumas exceções à regra, como já demonstrado.

Com relação à "dissolução total", como já mencionado, com a positivação da "dissolução parcial" antes reconhecida pela jurisprudência, e posteriormente contemplada nas normas inseridas no procedimento de "dissolução total", de acordo com os arts. de 655 a 674 do Código de Processo Civil de 1939, e por força do art. 1.218, VII, do CPC/73, a "dissolução total" das sociedades passou a ter uma grande redução, o que foi identificado por meio de estudos realizados por especialistas em análises estatísticas, que concluíram pela redução no número de sociedades integralmente dissolvidas pelo evento de saída de algum sócio.

03.03. Análise estatística da apuração de haveres nos tribunais de justiça do Brasil - proposta de alteração da lei

Como já salientado, a análise do trabalho desenvolvido por Marcelo Guedes Nunes, apresentado em sua tese de doutorado, através da utilização de métodos empíricos quantitativos no estudo do Direito, entre os anos de 1997 e 2007 e entre 2008 e 2011, concluiu que mais de 60% das sentenças prolatadas nos 27 Tribunais de Justiça da Federação não indicavam o critério utilizado para a avaliação da sociedade para fins da apuração de haveres.

Este percentual pode trazer inúmeras conclusões, mas é forçoso reconhecer que o Judiciário vinha interpretando o art. 1.031 do Código Civil de diferentes formas, dependendo de inúmeras variáveis, não se detendo a critérios objetivos ou semelhantes para encontrar o valor da sociedade e, consequentemente, o valor da parcela patrimonial a que o sócio tinha direito. Caso assim não fosse, seria possível verificar algum critério fixado nas decisões judiciais, quiçá semelhanças e diferenças entre estas.

Não havendo fixação expressa de critério para a apuração dos haveres do sócio retirante, é provável que o perito judicial, que deveria apenas realizar mero cálculo aritmético, concluía por um valor a partir de um critério subjetivo e pessoalmente escolhido. Pedro Guilhardi resume a natureza do trabalho desenvolvido citando o próprio responsável pelo projeto: *"Conforme explica Marcelo Guedes Nunes, 'mais do que simplesmente descrever o funcionamento de uma ordem jurídica, a jurimetria fornece elementos para que esses operadores possam tomar a decisão que melhor satisfaça as suas necessidades: no caso do advogado, para melhor aconselhar seu cliente sobre as suas chances de êxito; no caso do legislador, para aperfeiçoar a lei e a sociedade; e no caso do juiz, para proferir uma sentença com as consequências esperadas'. Importante mencionar, conforme conclui o autor, 'o objeto da jurimetria não é a norma, mas o comportamento humano de quem produz e de quem obedece à norma'".* [8]

Por conta deste cenário, Fabio Ulhoa Coelho e Marcelo Guedes Nunes, redigiram uma proposta à comissão de juristas responsáveis pelo anteprojeto do novo Código de Processo Civil, que foi parcialmente acolhida, para atualização do procedimento especial de "dissolução parcial" de sociedade

8 GUILHARDI, *Apuração...*, p. 222.

e respectiva apuração de haveres. De acordo com os autores, *"a proposta de emenda buscou regular o processo de conflito empresarial mais frequente e economicamente relevante do Poder Judiciário e colmatar uma lacuna que remonta ao Código de Processo Civil de 1939 (anterior ao atualmente em vigor), que ainda permanece vigente na parte em que trata da ação de dissolução de sociedade".*[9]

A forma como este debate ocorreu na esfera do legislativo e as conclusões advindas do projeto de lei serão detalhadas mais adiante.

03.04. Proposição de alteração do Código de Processo Civil - proposta de lei do Senado n.o 166, de 2010.

Em 2009 o então Senador José Sarney instituiu uma comissão de juristas para elaborar uma proposta de atualização do Código de Processo Civil. Em 21 de dezembro de 2010, foi enviado o ofício de nº 2428/2010 do Senado Federal, para o Deputado Rafael Guerra, que até então era o Primeiro Secretário da Câmara dos Deputados, cujo objeto era o Projeto de Lei do Senado nº 166, de 2010, de autoria do Senador José Sarney, que propunha a reforma do Código de Processo Civil, a fim de ser submetido à revisão da Câmara dos Deputados, conforme previsão do art. 65 da Constituição Federal, que determina que um "projeto de lei aprovado por uma Casa será revisto pela outra".

O novo Código de Processo Civil foi o resultado de um trabalho que uniu a sociedade, juristas e parlamentares por quase 05 (cinco) anos. A presidente Dilma Rousseff sancionou o novo CPC em 16 de março de 2015.

Da análise do projeto enviado em 2010, verificam-se poucas alterações para o texto original no tocante à "dissolução parcial" de sociedade. O Projeto de Lei que dispunha "da ação de 'dissolução parcial' de sociedade" também foi inserido no título III, capítulo V, dos Procedimentos Especiais, contendo o mesmo número de artigos.

Embora haja críticas quanto à previsão dada pelo Código de Processo Civil, no sentido de que as normas processuais conflitam com as normas do direito material, não aplicando às demandas que estavam pendentes, para o jurista Flávio Luiz Yarshell[89], as normas propostas, embora não se-

---

9 COELHO, Fabio Ulhoa, NUNES, Marcelo Guedes. *Carta de apoio ao novo CPC sugere procedimento especial para tratar da "dissolução parcial" de sociedade.* São Paulo, 22 de novembro de 2012. Disponível em: https://www.migalhas.com.br/quentes/168124/carta-de-apoio-ao--novo-cpc-sugere-procedimento-especial-para-tratar-da-dissolucao-parcial-de-sociedade. Acesso em: 01 de mar. 2022.

jam processuais por ter natureza substancial, acabam por disciplinar a matéria, o que é conveniente para os interessados: "*é certo – e isso precisa ser bem destacado – que boa parte das regras constantes do Projeto, nesse particular, não regula propriamente o procedimento, isto é, a prática de atos do processo. Na verdade, em muitos casos, as regras propostas não são sequer processuais, porque não estabelecem posições jurídicas integrantes da relação processual. Dessa forma, muitas das normas têm natureza substancial. Mas isso, embora não seja o ideal, continua a ser conveniente porque, como dito inicialmente, positiva disciplina mais moderna e, principalmente, mais segura para os interessados*".10

Como já dito, até o advento do Código de Processo Civil, instituído pela Lei 13.105 de 2015, não existia um procedimento especial para a ação de "dissolução parcial" de sociedade.

03.05. Debates do processo legislativo e promulgação da lei n.o 13.105/2015

Como vimos, devido à ausência de normas legais dos procedimentos efetivos capazes de resultar no célere e acurado deslinde das questões que envolviam a "dissolução parcial" das sociedades e suas consequências, a jurisprudência admitia o ajuizamento de ações de "dissolução parcial", sendo regradas pelas normas esculpidas nos arts. de 655 a 674 do CPC de 1939.

Devido a essa lacuna, surgiam adaptações para o adequado deslinde do feito, onde os magistrados atuantes nas demandas contribuíam para constantes alterações da matéria, de acordo com seu entendimento.

Mesmo após a edição do Código Civil de 2002, que foi o primeiro diploma legal que previu, explicitamente, a possibilidade de "Resolução da sociedade com relação a um sócio" na Seção V do Capítulo I do Subtítulo da Sociedade Personificada, as controvérsias passaram a ser de cunho interpretativo quanto à forma de liquidação das quotas do sócio falecido, retirante ou excluído. Diante desse cenário, fez-se imprescindível que a Comissão Temporária da Reforma do Código de Processo Civil, instituída pelo Projeto de Lei do Senado nº 166/2010, apresentasse um processo legislativo para o tema.

---

10 YARSHELL, Flávio Luiz. *A opção (feliz) do Projeto de CPC pela disciplina do procedimento especial de "dissolução parcial" de sociedade*. São Paulo: Carta Forense, n 99, agosto, p. A-4, 2011, p. 4.

Neste contexto, como já dito, Fábio Ulhoa e Marcelo Guedes Nunes encaminharam ao Congresso uma carta de apoio ao novo CPC, defendendo a criação e positivação de procedimento especial de "dissolução parcial" de sociedade e apuração dos respectivos haveres, oferecendo redigir a proposta deste procedimento, a fim de servir de atualização àquele de 1939.

Assim, perante a Comissão Especial destinada a proferir parecer ao Projeto de Lei n. 6.025, de 2005, ao Projeto de Lei n. 8.046, de 2010, ambos do Senado Federal, Fábio Ulhoa Coelho e Marcelo Guedes Nunes registraram a necessidade de alteração do referido regramento, apoiando-se no resultado da pesquisa realizada por meio da jurimetria: *"Considerando as propostas alinhadas com nossos diagnósticos a respeito dos entraves ao Poder Judiciário brasileiro, decidimos apoiar enfaticamente o projeto e apresentar perante a relatoria do Senado Federal, como sugestão para o seu aperfeiçoamento pontual, proposta de emenda requerendo a inserção de um procedimento especial tratando da ação de 'dissolução parcial' de sociedade. A proposta de emenda buscou regular o processo de conflito empresarial mais frequente e economicamente relevante do Poder Judiciário e colmatar uma lacuna que remonta ao Código de Processo Civil de 1939 (anterior ao atualmente em vigor), que ainda permanece vigente na parte em que trata da ação de dissolução de sociedade. A proposta de emenda foi aprovada e se tornou o que* é hoje o Título III, Livro II, Capítulo V do projeto. Este capítulo foi em grande *medida baseado em pesquisas empíricas e estatísticas realizadas durante a elaboração da tese de doutoramento de Marcelo Guedes Nunes, sob a orientação do Prof. Fábio Ulhoa Coelho, a respeito das disputas entre sócios levadas aos 27 tribunais estaduais do Brasil entre os anos de 1997 e 2011, de forma a prover soluções eficazes para os problemas concretos e às aflições reais das partes que, diariamente, batem às portas do Poder Judiciário. Trata-se da primeira proposta legislativa elaborada com base em pesquisa empírica e estática, prática que, em nossa opinião, deveria ser generalizada a fim de servir de modelo para outras iniciativas. Por esse e outros motivos o conteúdo desse novo procedimento especial tem sido reiteradamente enaltecido perante a Câmara dos Deputados, tendo sido inclusive aperfeiçoado pontualmente através de uma oportuna emenda apresentada pelo Exmo. deputado Arthur de Oliveira Maia".*[11]

A tese de doutorado mencionada, de Marcelo Guedes Nunes, como já dito, teve por objetivo descrever as principais características dos processos

11 COELHO, Fábio Ulhoa; NUNES, Marcelo Guedes. *Carta de apoio ao novo CPC sugere procedimento especial para tratar da "dissolução parcial" de sociedade.* São Paulo, 22 de novembro de 2012.

de dissolução de sociedade, as causas do pedido de dissolução, a solução judicial e as formas de apuração de haveres levadas aos 27 tribunais estaduais do Brasil entre os anos de 1997 e 2011.

As conclusões deste aclamado trabalho auxiliaram nas sugestões legislativas que culminaram na inclusão do regramento especial do Capítulo V do Novo Código de Processo Civil, nominado de "Da Ação De "dissolução parcial" De Sociedade", cujos 11 (onze) artigos buscaram trazer algum critério para melhor solucionar estes conflitos.

Tratou-se da primeira proposta legislativa elaborada com base em pesquisa empírica e estatística, prática que é aclamada pelos referidos doutrinadores, que entendem que deveriam ser generalizadas para servir de modelo para outras iniciativas.

Foram remetidos ofícios a diversas autoridades, que tinham como objetivo o oferecimento de contribuições para o aperfeiçoamento do texto do projeto. Foram convidados para integrar os debates legislativos os juristas Fábio Ulhoa Coelho e Marcelo Guedes Nunes.

O Projeto de Lei nº 166/2010 apresentou uma análise em que "as finalidades primordiais da tão desejada reforma, fossem deixar expressa a adequação às novas regras da Constituição Federal da República, criando um sistema mais coeso, ágil e capaz de gerar um processo civil mais célere e justo.".

E em linhas gerais, apresentou novidades e propostas, dentre elas a que nos interessa para fins deste estudo: *"k) no âmbito dos procedimentos especiais, além de algumas alterações pontuais, destacamos a introdução da "ação de 'dissolução parcial' de sociedade", que regulamenta o tema à luz do Código Civil de 2002, de modo a suprir lacuna que acabou não sendo preenchida durante toda a vigência do atual Código de Processo Civil, cujo art. 1.218 manteve em vigor os arts. de 655 a 674 do Código de Processo Civil de 1939, disciplinadores da "liquidação e dissolução das sociedades".*[12]

Finalmente, o Projeto de Lei nº 166/2010 foi aprovado, promulgando o chamado Novo Código de Processo Civil, Lei n.º 13.105/2015, que trouxe relevantes inovações no título atinente aos procedimentos especiais (Título III), sobre a "ação de 'dissolução parcial' de sociedade", contempladas em 11 (onze) artigos, de 599 a 609.

Deste modo, o instituto da "dissolução parcial" de sociedade, ou seja, aquela em que a resolução da sociedade se dá apenas em relação a um ou a alguns sócios, embora positivada no Código Civil de 2002, foi melhor

---

12 Parecer da COMISSÃO TEMPORÁRIA DA REFORMA DO CÓDIGO DE PROCESSO CIVIL, sobre o Projeto de Lei do Senado nº 166, de 2010. p. 145.

aprimorada pela nova redação do Código de Processo Civil de 2015, obrigando a jurisprudência até então vigente a contemplar um novo quadro legal quanto à "apuração de haveres" do sócio retirante, falecido ou excluído, obrigando a todos no acompanhamento das mudanças empresariais e das relações societárias.

O Novo CPC forneceu sólidos parâmetros que direcionam os operadores do direito para o exame de demandas que versem sobre a Dissolução da Sociedade e suas consequências, garantindo maior segurança jurídica, surgindo a partir daí novas doutrinas e jurisprudência que contribuem para o melhor entendimento do procedimento, facilitando sua aplicação de forma uníssona e conhecida.

04.

ALTERAÇÕES DO REGRAMENTO DE APURAÇÃO DE HAVERES NO CPC DE 2015

Apesar de sofrer algumas críticas, o novo regramento contemplado pelos arts. 599 e seguintes do CPC/2015 é uma realidade que se coloca, tendo sido constatado que é fartamente utilizado e firmemente aplicado pelos operadores do direito e pelo Poder Judiciário.

Apesar de novo, já é possível perceber sua influência direta nos julgamentos, colaborando para a aplicação de uma sistemática clara e objetiva, auxiliando os julgadores e favorecendo um ambiente empresarial mais seguro e uníssono.

O direito positivado e suas críticas favoráveis e desfavoráveis são de suma importância para enriquecer o debate e justificar a melhor intepretação, buscando a evolução e a consolidação do Direito Empresarial, conforme veremos adiante.

04.01. O direito positivado

Com o acolhimento da proposta que regulou a "dissolução parcial" de sociedade no novo Código de Processo Civil, o Juiz passou a contar com a existência de um rito próprio, através de vários dispositivos legais, que auxiliam sobremaneira a forma que uma sociedade deve ser avaliada.

Iniciando com as hipóteses aplicáveis à "dissolução parcial" no seu art. 599, sua legitimidade no art. 600 e as formalidades legais para a instauração da relação jurídico processual no art. 601, o novo Código de Processo Civil passa à forma como deve ser realizada a avaliação da sociedade por meio do seu art. 604.

Para Elias Marques de Medeiros Neto, *"o magistrado, se acolhido o pleito de "dissolução parcial", deve, em sentença, observar o art. 604 do CPC quanto à apura-*

ção de haveres, de modo que cabe ao juiz: (i) fixar a data de resolução da sociedade; (ii) definir o critério de apuração de haveres; e (iii) nomear o perito.".[1]

A data da resolução da sociedade está prevista de forma taxativa no art. 605 do Código de Processo Civil. Segundo Teresa Arruda Alvim Wambier, e outros, o "*NCPC, neste sentir, é imensamente contributivo: estabelece, de maneira clara e objetiva, quais as datas em que será considerada realizada a resolução da sociedade*".[2]

Já o critério de apuração de haveres, a princípio, deve seguir o que dispõe o contrato social, conforme previsão expressa do parágrafo 3º do art. 604, apesar de já termos visto que a jurisprudência tem flexibilizado esta regra quando não há concordância sobre os valores ou critérios adotados.

Ainda assim, com relação às disposições constantes no contrato social, a doutrina explica que: "*em relação aos critérios para a definição dos haveres, estes devem ser os que são fixados pelo contrato social. Todavia, no caso de omissão deste, deve o juiz empregar o valor patrimonial apurado em balanço de determinação, que terá por referência o momento da "dissolução parcial", avaliando-se bens e direitos do ativo, tangíveis e intangíveis, a preço de saída, além do passivo também a ser apurado de igual forma*".3

Assim, em tese, não havendo previsão no contrato social, deve-se observar o que dispõe o art. 606 do Código de Processo Civil, calculando os haveres por meio do valor patrimonial apurado em balanço de determinação, tomando-se por referência a data de resolução da sociedade, e avaliando-se bens e direitos do ativo, tangíveis e intangíveis, a preço de saída, além do passivo a ser apurado de igual forma.

A avaliação deve considerar, concomitantemente, os critérios e forma de correção estabelecidos no art. 608, concluindo critério definitivo a ser observado pelo juiz, que devem ser refletidos nos cálculos pelo perito judicial nomeado.

Isso porque, fixados os critérios, o juiz deve nomear perito para a realização dos cálculos, que, nos termos do parágrafo único do art. 606 do Código de Processo Civil, deve ser, preferencialmente, especialista em avaliação de empresas.

O rito especial ainda prevê que tanto a data de resolução da sociedade quanto o critério fixado para a apuração dos haveres podem ser revistos

---

1 MEDEIROS NETO, Elias Marques de. *Notas sobre a ação de "dissolução parcial" de sociedade.* 2019.

2 WAMBIER, Teresa Arruda Alvim. CONCEIÇÃO, Maria Lúcia Lins. RIBEIRO, Leonardo Ferres da Silva. TORRES de MELLO, Rogério Licastro. *Primeiros Comentários ao Novo Código de Processo Civil.* **São Paulo: RT, 2015.**

3 [100] MARINONI, Luiz Guilherme; ARENHART, Sérgio Cruz; MITIDIERO, Daniel. Novo Curso de Processo Civil. São Paulo: RT, 2015. p. 186.

pelo juiz, a qualquer tempo, desde que antes de iniciada a perícia, bem como que tenha sido pleiteado e justificado pela parte, conforme art. 607. Segundo alguns doutrinadores: *"estes dois elementos vitais para a correta e justa 'dissolução parcial' da sociedade podem ser fixados pelo juiz, e revistos por iniciativa oficial ou por requerimento da parte, em qualquer momento anterior ao início da perícia: iniciada a perícia, estas duas balizas tornam-se preclusas, imutáveis. Há, por assim dizer, uma mensagem bastante clara no dispositivo legal em apreço: a data de resolução e o critério de apuração de haveres, em face de sua essencialidade, não são fixáveis em uma* única *oportunidade, podendo ser modificados (caso surjam novos elementos de convicção) até o início da perícia, quando, então, se dará a preclusão".*[4]

Por fim, a forma de pagamento dos haveres do sócio está prevista no art. 609 do Código de Processo Civil, que encerra o capítulo referente à "dissolução parcial" de sociedade. O Código de Processo Civil de 2015 trouxe regras específicas quanto à dissolução da sociedade e a forma de apuração de haveres suprindo a lacuna do CPC de 1973 que manteve em vigor, pelo art. 1.228, VII, o fixado no art. 655 e seguintes do CPC de 1939.

O CPC foi minucioso e não se limitou somente às questões processuais, mas também abrangeu o direito material acerca do tema. O art. 599 do CPC elenca os possíveis objetos da ação de "dissolução parcial" da sociedade, quais sejam: a resolução da sociedade empresária contratual ou simples quanto ao sócio falecido, excluído ou que tenha exercido o direito de retirada ou recesso; a apuração de haveres do sócio falecido, excluído ou que tenha exercido o direito de retirada ou recesso; somente a resolução ou a apuração de haveres.

Ainda o art. 599, §2º, prevê expressamente a possibilidade da "dissolução parcial" da sociedade anônima de capital fechado quando demonstrado que essa não pode ser dissolvida em sua totalidade.

No art. 604 já há expressamente quais as determinações a serem providenciadas pelo juiz: fixar a data da dissolução; determinar o critério de apuração dos haveres; nomear perito e determinar o depósito do valor incontroverso. Poderá o valor incontroverso ser levantado pelo ex-sócio, espólio ou sucessores e, caso haja cláusula contratual acerca do depósito e levantamento do incontroverso, deverá ser observada.

O art. 605 fixa expressamente qual será a data da resolução da sociedade para fins de cálculo na ação de dissolução, ou seja: *"I – no caso de falecimento do sócio, a do óbito; II – na retirada imotivada, o sexagésimo dia seguinte ao*

4 Idem, p. 963.

do recebimento, pela sociedade, da notificação do sócio retirante; III – no recesso, o dia do recebimento, pela sociedade, da notificação do sócio dissidente; IV – na retirada por justa causa de sociedade por prazo determinado e na exclusão judicial de sócio, a do trânsito em julgado da decisão que dissolver a sociedade; e, V - na exclusão extrajudicial, a data da assembleia ou da reunião de sócios que a tiver deliberado.".

Um ponto de destaque no art. 605 é que há um tratamento distinto quanto a retirada motivada e a retirada imotivada. Na retirada motivada a data da resolução considerada é a o sexagésimo dia após o recebimento da notificação do sócio retirante pela sociedade, enquanto na retirada motivada, a data da resolução considerada é a do dia do recebimento da notificação da sociedade.

Já o art. 606 estabelece os parâmetros para a apuração dos haveres a ser determinado pelo Juiz da causa. Aqui, novamente, há forma expressa quanto aos critérios a serem fixados: a apuração de passivos quando do seu valor patrimonial, a avaliação dos intangíveis e a consideração do preço de saída.

O ex-sócio, espólio ou sucessores, de acordo com o art. 608,[110] têm direito à participação nos lucros sobre o capital declarado pela sociedade até a data da resolução, tendo direito a correção monetária e juros contratuais ou legais.

Quanto à forma de pagamento dos haveres, de acordo com o art. 609, estes serão observados conforme estipulado em contrato social e, em caso de omissão, em acordo com o § 2º do art. 1.031 da Lei nº 10.406, de 10 de janeiro de 2002 (Código Civil).

04.02. Críticas favoráveis e desfavoráveis

Conforme já exposto durante todo o trabalho, sempre houve uma lacuna na legislação quanto à "dissolução parcial" da sociedade, e consequentemente na forma de "apuração de haveres" da sociedade limitada. Restava demasiadamente necessária a positivação acerca da matéria.

Este é o principal ponto a se destacar favoravelmente. O CPC de 2015 é claro e preciso quanto à matéria em questão. Quanto à data-base, não havia qualquer identificação no Código de 1.939, quiçá na literatura jurídica ou na jurisprudência dos tribunais, o que foi devidamente abarcado nos art. 605 até 606 do CPC.

Quanto à fixação da data base para apuração de haveres do sócio retirante, o STJ já vinha decidindo, sem qualquer efeito vinculante face às instâncias inferiores, que *"a data-base para apuração dos haveres coincide com o momento em que o sócio manifestar vontade de se retirar da sociedade.".* (REsp 646.221, Min. Nancy Andrighi).

O CPC de 2015, a princípio, não admite que o julgador desconsidere o avençado em contrato social quanto aos critérios de avaliação da sociedade, mesmo que entenda serem injustos ou inapropriados, o que é bastante importante para a segurança jurídica dos empreendedores.

O art. 607 estabiliza uma questão importante, estabelecendo que, após o início da perícia, não há mais a possibilidade do juiz fazer qualquer alteração quanto à definição dos critérios adotados.

Para Alexandre Ferreira de Assumpção Alves e Allan Nascimento Turano[5], todo imbróglio, tecnicamente, fora resolvido com a regulamentação do procedimento a partir da vigência do CPC/2015, que ainda foi identificado como procedimento especial, sendo exigido tratamento por regras legais próprias e exclusivas, tornando inadequada a aplicação de normas atinentes ao procedimento comum.

Contudo, desde que o Código de Processo Civil de 2015 foi sancionado, houve várias críticas. Neste sentido, Marcelo Vieira Von Adamek e Erasmo Valladão tecem rígidas críticas ao procedimento legislativo, aduzindo que não há qualquer especialidade no novo procedimento capaz de integrar a categoria do título de procedimentos especiais.[6]

Segundo eles, o legislador positivou normas relativas ao direito material em regramento que deveria tratar de direito processual, afastando-se de seu escopo, sendo que melhor se enquadraria se fosse inserida no Código Civil.

Pedro Guilhardi, no entanto, justifica que eventual imperfeição deve ser flexibilizada em razão do burocrático processo legislativo brasileiro, permitindo a promulgação de leis em consonância com a evolução social, ainda que de forma equivocada. Vejamos: "*não há, contudo, que se obedecer* com rigidez tal *regra a ponto de impedir, nas raras oportunidades em que se tem de dar andamento a uma evolução legislativa – em relação a disciplinas notoriamente ultrapassadas – a de se submeter a um rigor científico tal a impedir o avanço apenas porque a disciplina que ali deveria constar seria pura e estritamente processual. E tal se dá porque reformas legislativas, quer sejam elas de leis civis, processuais civis*

5 ALVES, Alexandre Ferreira de Assumpção; TURANO, Allan Nascimento. *Resolução da sociedade limitada em relação a um sócio e a ação de "dissolução parcial.".* Curitiba: Juruá, 2016.

6 FRANÇA, Erasmo Valladão Azevedo e Novaes, ADAMEK, Marcelo Vieira Von. *Da ação de "dissolução parcial" de Sociedade: comentários breves ao CPC/2015.* **São Paulo: Malheiros, 2016. p. 118.**

ou comerciais, dificilmente – em especial no Brasil – serão estudadas e aprovadas em processo legislativo concomitante de modo a criar-se um sistema coeso".[7]

Marcelo Vieira Von Adamek e Erasmo Valladão França pontuam, ainda, que o Poder Legislativo se equivocou e gerou mais problemas aos operadores do direito, uma vez que a aplicação de normas no tempo se difere quanto à sua própria natureza. Exemplo disso seria o art. 14 do CPC/15, que prevê que a norma processual não retroagirá e será aplicável imediatamente aos processos em curso, peculiaridade esta que não compactua com as normas de direito material, o que inviabiliza a aplicação às demandas pendentes.[8]

Outro ponto que gerou críticas se refere ao procedimento a ser aplicado nos casos de "dissolução total" da sociedade. O Novo CPC/2015 teria deixado uma lacuna normativa, uma vez que revogou o CPC de 1973, conforme disposição do art. 2º, § 1º, da Lei de Introdução às normas do Direito Brasileiro, extinguindo, assim, os trâmites referentes à "dissolução total" de sociedades.

Não é o que entende o professor Fábio Ulhoa Coelho: *"De acordo com o CPC, a ação de dissolução de sociedade poderá seguir o procedimento comum ou especial. Será comum, na hipótese de dissolução total; e especial, na de 'dissolução parcial'".* O art. 1046, § 3º, do CPC estabelece que *"os procedimentos mencionados no art. 1218 da Lei nº 5869, de 11 de janeiro de 1973, cujo procedimento ainda não tenha sido incorporado por Lei submetem-se ao procedimento comum previsto neste Código. A ação de dissolução total de sociedades enquadra-se perfeitamente na hipótese desta regra de transição. Seu procedimento está mencionado no inciso VII do art. 1218 do Código revogado, e não foi disciplinado ("incorporado"), desde 1973, por nenhuma outra Lei. Submete-se assim a dissolução total ao procedimento comum, sujeitando-se a 'dissolução parcial' ao especial, por força dos art. 599 a 609".*[9]

Segundo ele, portanto, alguma solução foi dada pela interpretação do art. 1.046, § 3º, do CPC/2015, que impõe a aplicação do procedimento comum àqueles casos em que os procedimentos previstos pelos diplomas legais pretéritos não tenham sido incorporados.

No entanto, para Erasmo Valladão França e Marcelo Vieira Von Adamek,[10] o legislador falhou por não instituir procedimento especial que contemple as peculiaridades da "dissolução total" da sociedade, em especial as peculiaridades que têm ligação com os procedimentos da fase de liqui-

---

7 GUILHARDI, p. 60.
8 FRANÇA, p. 21.
9 COELHO, *Curso ...*, p. 166.
10 FRANÇA, p. 118.

dação, uma vez que o liquidante possui funções que não se assemelham às funções praticadas na liquidação de sentença ou mero aferimento do *quantum debeatur*. Referidos críticos aduzem que a liquidação societária não se equipara a uma simples liquidação de sentença genérica do art. 509 do CPC, com a realização do ativo social, pagamento do passivo e partilha do saldo entre os sócios, com a prestação final de contas.

Entretanto, Humberto Theodoro Junior aduz que, para solucionar a lacuna, também se devem importar disposições alusivas à liquidação convencional das sociedades, previstas nos arts. de 1.102 até 1.112 do Código Civil de 2002, ao âmbito do processo de dissolução total e liquidação de sociedades, imputando ao liquidante judicial as mesmas atribuições legais do liquidante convencional.

Com relação à expressão "dissolução parcial", Erasmo Valladão e Marcelo Vieira Von Adamek entendem que ela seria imprópria, pois remete à extinção da sociedade, de forma que seria mais adequado o uso da expressão "resolução parcial", em harmonia com a previsão do Código Civil nas seções previstas nos arts. 1.028, 1.033, e 1.085, que elencam proposições de resolução e dissolução das sociedades.

No mesmo sentido, Celso Barbi Filho[11], entende que o termo "resolução" seria mais adequado, já que relaciona a ideia de uma extinção culposa a partir da teoria geral dos contratos, embora não seja o que sempre ocorre.

Em sentido totalmente diverso, Marcelo Guedes Nunes entende que, para o reconhecimento da existência de uma lacuna na lei, deve haver uma grande quantidade de conflitos sobre a matéria, com nenhuma ou pouca norma geral correspondente para a sua superação, o que não se verifica no caso. Segundo ele, *"nos oito anos de existência das câmaras empresariais do Tribunal de Justiça do Estado de São Paulo (TJSP) foram identificados 657 casos de dissolução societária, dos quais 34 (pouco mais de 5%) diziam respeito à dissolução total"*.[12] Este número, segundo Nunes, denota que os pedidos de "dissolução total" de sociedades são verdadeiras "cabeças de bacalhau", no sentido de praticamente inexistentes. Além da "quantidade irrisória de conflitos" relacionados à *"dissolução total"*, haverá *"pelo menos três conjuntos de regras gerais"* para solucioná-los, *"a saber, a dissolução total do CC e da LSA, a LFRJ e as regras do procedimento ordinário do CPC"*.

---

11 BARBI FILHO, p. 234.

12 NUNES, Marcelo Guedes. *Sobre a revogação do procedimento de dissolução total de sociedades pelo CPC*. Disponível em: https://www.jota.info/opiniao-e-analise/art.s/sobre-a-revogacao-do-procedimento-de-dissolucao-total-de-sociedades-pelo-cpc-16102019. Acesso em: 21 mar. 2022. p. 21.

Pedro Guilhardi se opõe adequadamente às críticas ao novo CPC/2015, no sentido de que elas ignoram a realidade que se coloca e se restringem a ambientes puramente acadêmicos, onde os egos se sobrepõe à efetividade que se espera na aplicação das leis. Neste sentido: *"ponto comum de tais críticas é que se inserem em um ambiente quase que exclusivamente acadêmico, afastado dos dados concretos da realidade das sociedades empresárias, fato que o CPC (LGL\2015\1656), bem ou mal, pretendeu regular. Enfim, quando se trata de legislar para atender à realidade, é preciso afastar-se das filigranas e egos acadêmicos para propor soluções práticas que impactem, sempre para melhor, a vida de milhares de empreendedores brasileiros que buscam na lei resposta para seus problemas diários. Somente investido dessa mentalidade é que o debate acadêmico será proveitoso para procurar mais soluções do que problemas que, na grande maioria das vezes, nem sequer existirão na prática."*.[13]

Percebe-se, portanto, que o modo como se positivou o referido procedimento especial trazido pelo advento do Código de Processo Civil de 2015 ocasionou ampla divergência na doutrina, como demonstrado de um lado por Pedro Guilhardi e Marcelo Guedes Nunes, que tecem comentários positivos, e de outro lado pelas notáveis críticas de Erasmo Valladão e Marcelo Vieira Von Adamek.

Embora o texto legal padeça de críticas, é evidente que representou um grande avanço ao direito empresarial, principalmente por ter tipificado uma prática que até então só era possível através de entendimento doutrinário e jurisprudencial, já que o Código Civil, instituído pela Lei nº 10.406/2002, não recepcionou a "dissolução parcial" da sociedade a contento, agregando apenas a posição doutrinária e jurisprudencial na admissão da resolução da sociedade no que toca apenas um sócio, nas hipóteses amparadas pelos art. 1.028 a 1.032, 1.035, 1.085 e 1.086.

Esta autora sempre foi adepta do entendimento de que o direito nasceu para atender às demandas do bom convívio social, sendo aprimorado para solucionar adequadamente os conflitos que se colocam no dia a dia da sociedade.

Inverter esta ordem, no sentido de que as regras e princípios gerais do direito devem prevalecer sobre o objetivo final de solução adequada dos conflitos, principalmente quando há estudos empíricos que comprovam a necessidade de sua adequação, é subverter a ordem lógica e natural da evolução humana de encontrar soluções definitivas para os problemas que constata.

---

13 GUILHARDI, p 190.

Inobstante o conhecimento notório da morosidade e da falta de técnica do Poder Judiciário brasileiro, cujas legislações protecionistas sobrecarregam de processos judiciais, aliadas à grande quantidade de profissionais da área de direito (somos o país com a maior proporção de advogados por habitante no mundo, com cerca de 1.300.000 advogados), a falta de vivência prática em litígios societários parece contribuir para que se sustente críticas como as antes colocadas.

Para evidenciar como a ausência de boas regras legais pode dificultar a entrega da prestação jurisdicional, ponto focal da sua própria existência, trazemos um exemplo de uma "ação de dissolução parcial de sociedade" que dura quase 30 anos, e cuja controvérsia sobre os critérios para a "apuração de haveres" ainda persiste.[14]

Neste caso, o sócio retirante, que era totalmente capaz quando da distribuição da ação judicial, se tornou incapaz no decorrer do processo, falecendo antes de ter o desfecho pretendido, o que não se coaduna, por óbvio, com a entrega eficiente da prestação jurisdicional. O fato, inclusive, está abarcado no art. 5°, inciso LXXVIII da Constituição Federal[118], e foi contemplado no art. 4° do CPC, que dispõe sobre a duração razoável do processo judicial.

Referida ação foi distribuída em 1994, antes mesmo da entrada em vigor do Código Civil de 2002, no contexto em que a "dissolução parcial" da sociedade era apenas um entendimento jurisprudencial e doutrinário. A sentença que determinou a liquidação dos haveres por arbitramento transitou em julgado apenas em 2008, ou seja, 14 (quatorze) anos depois da distribuição da ação, em 21/11/1994.

Após inúmeros recursos sobre os critérios a serem utilizados para a "apuração de haveres", o laudo pericial foi concluído apenas em 14 de fevereiro de 2011, ou seja, 17 (dezessete) anos depois da distribuição da ação, e o Recurso Especial no STJ foi julgado apenas em 21 de maio de 2019, ou seja, 25 (vinte e cinco) anos após a distribuição da ação, determinando que o processo retornasse à 1ª Instância para a elaboração de novo cálculo pericial para apurar os haveres do sócio retirante, alterando a metodologia até então fixada.

Um dos votos entendeu que o valor real da companhia pode ter sofrido grande mudança nestes 25 anos, principalmente no que concerne ao valor do patrimônio imobiliário, o que justificaria o refazimento dos cálculos.

---

14 Processo n° 0034283-90.1994.8.07.0001 - Josino Naves de Souza e Antônio Guilherme Naves X Jorlan S/A – Veículos Automotores, Importação e Comércio.

Independentemente do desfecho deste processo judicial, a demonstração das dificuldades do Poder Judiciário para julgar adequadamente este tipo de ação, de especialidade ímpar, como a quantidade de recursos possíveis e as inúmeras fases processuais que podem advir desta espécie de discussão, demonstram a necessidade de um regramento procedimental padrão, a ser seguido pelos atores envolvidos, para trazer mais efetividade ao processo e entregar adequadamente a prestação jurisdicional.

A inclusão deste novo regramento especial no CPC de 2015 se traduz na esperança de que Poder Judiciário finalmente entenda melhor e aplique adequadamente a matéria, evitando decisões controversas e alteração de entendimentos no decorrer do processo, que é o que se pretende medir por meio deste trabalho.

05.

LEVANTAMENTO DO OBSERVATÓRIO DE INSOLVÊNCIA DA ABJ

Superadas as discussões que se colocaram sobre o novo regramento do CPC/2015, que criou um procedimento especial de "dissolução parcial" da sociedade, permitindo uma "apuração de haveres" mais clara e precisa, resta saber se os julgadores passaram a entendê-lo e aplicá-lo no Fórum Central de São Paulo.

Este é o cerne deste trabalho, que pretende analisar as decisões judiciais a fim de extrair se os julgadores passaram a fixar critérios para fins de "apuração de haveres" do sócio retirante, excluído, dissidente ou falecido.

A análise se deu apenas no Fórum Central de São Paulo, em contraposição ao estudo anteriormente realizado por Marcelo Guedes Nunes, que compreendeu os Tribunais de Justiça dos 27 estados da Federação.

No entanto, ainda que o estudo anterior não tenha apontado o resultado isolado do Fórum Central de São Paulo, vale partir da premissa que, proporcionalmente, o mesmo percentual pode ser encontrado neste estado, de forma que o resultado a ser apresentado servirá de análise efetiva sobre a aplicação ou não do novo regramento no judiciário paulista.

05.01. Análise estatística da apuração de haveres no Tribunal de Justiça de São Paulo após o CPC 2015

Para a análise estatística que se pretende realizar neste trabalho, socorreu-se de um levantamento já realizado pela Associação Brasileira de Jurimetria (ABJ), que desenvolveu um projeto de pesquisa intitulado "Observatório Societário", em parceria com a PUC – Pontifícia Universidade Católica de São Paulo.

Referido estudo foi solicitado por correio eletrônico à diretoria da ABJ, que enviou uma planilha de excel com todos os dados colhidos, bem como as informações até então levantadas e lançadas individualmente pelos pesquisadores. Foi solicitado sigilo e que os dados não fossem compartilhados.

Não obstante o comprometimento do sigilo, os resultados fornecidos pela ABJ poderão ser compartilhados para os fins a que se destina esta pesquisa, estritamente acadêmicos, conforme veremos mais adiante.

Neste projeto, a ABJ realizou o levantamento, analisou e estudou os dados de 1.021 (um mil e vinte e um) processos judiciais de "dissolução parcial" de sociedade, com a respectiva apuração de haveres no Fórum Central de São Paulo, capital.

A pesquisa mapeou, portanto, mais de mil decisões judiciais de primeiro grau, envolvendo dissolução societária no Fórum Central de São Paulo.

O principal objetivo do projeto da ABJ é analisar semelhanças e diferenças nas características das decisões proferidas antes e depois da entrada em vigor do CPC. O estudo também busca mapear tendências nas decisões, com o intuito de proporcionar insumos quantitativos para avaliar a efetividade das leis e formular melhores políticas públicas.

Com relação à metodologia do trabalho desenvolvido pela ABJ, segundo informações fornecidas mediante requisição, o projeto passou por três etapas: listagem de processos, coleta de dados e análise estatística.

A etapa da listagem envolveu encontrar os números identificadores dos processos judiciais, considerando como passo inicial a busca de jurisprudência do TJSP. Já a etapa de coleta envolveu acessar os processos através de seus números identificadores, obtendo as informações que são relevantes para o estudo. A terceira etapa envolveu a análise estatística dos dados coletados, realizando os cruzamentos necessários para atingir os objetivos da pesquisa.

Segundo informações colhidas perante o corpo diretivo da ABJ, como já mencionado, todos os processos analisados neste projeto tiveram seu trâmite perante o Foro Central da Comarca de São Paulo, sendo que alguns deles ainda estão em andamento.

O período de distribuição dos processos levantados foi de 2012 até 2020, ou seja, há processos submetidos ao regramento anterior ao CPC e processos que se submetem ao novo regramento.

O critério utilizado para levantar e separar os processos estudados, conforme informações obtidas por meio de correio eletrônico enviado pela própria ABJ, foi o seguinte: *"(i) para as classes, foram utilizadas as seguintes chaves: "Procedimento Comum", "Dissolução e Liquidação de Sociedade", "Dissolução Parcial de Sociedade", "Ação de Exigir Contas", "Cumprimento de Sentença", "Ho-*

mologação de Transação Extrajudicial", "Tutela Cautelar Antecedente"; (ii) para os assuntos, foram selecionados todos, exceto "DIREITO CIVIL".

Como já salientado, o projeto passou por três etapas: listagem de processos, coleta de dados e análise estatística. A etapa de listagem de processos, segundo a ABJ, envolveu o seguinte procedimento:

(i) foram pesquisados os números identificadores dos processos que faziam parte da pesquisa, considerando como passo inicial a busca de jurisprudência do TJSP;

(ii) foi realizada uma "raspagem" de dados no TJSP e, ao mesmo tempo

(iii) foi enviado um ofício ao TJSP solicitando os referidos dados.

Uma vez que o número dos processos foi identificado, conforme os critérios referidos, os pesquisadores criaram uma base de dados elencando todos eles. Com isso, iniciou-se a segunda etapa do projeto, referente à coleta de dados.

Na coleta de dados, os pesquisadores buscaram extrair informações de cada um dos processos analisados. Essa etapa foi realizada de forma a acessar os processos através de seus números identificadores, ou seja, os números que os identificam perante o Tribunal de Justiça de São Paulo, bem como extrair as suas informações através de um questionário pré-elaborado pela própria ABJ.

Esse questionário continha uma série de perguntas, conforme informações obtidas por correio eletrônico enviado pela ABJ, dentre elas: *(i) as informações básicas do processo, (ii) as informações da sociedade em questão (razão social, CNPJ, registro JUCESP, CNAE principal, situação da sociedade), (iii) as informações sobre as partes, (iv) os requerimentos feitos pelos autores, (v) os contrapedidos ou pedidos contrapostos e (v) o conteúdo da sentença.*

Uma equipe de pesquisadores especialistas na área do direito leu manualmente cada um desses processos e respondeu ao questionário formulado. Desta forma, foi realizada a classificação manual dos processos para determinar o assunto principal envolvido em cada um, conforme veremos mais adiante. Com os dados coletados, os pesquisadores partiram para a terceira etapa do projeto: a análise estatística.

Como antes mencionado, todo estudo estatístico dos processos judiciais busca analisar se a legislação vigente tem o efeito que se espera, ou seja, se os objetivos que levaram o legislativo à aprovação daquele regramento jurídico foram atingidos. Conhecer se o objetivo da lei foi atingido auxilia na proposição de políticas públicas mais adequadas, buscando a efetividade das leis.

Conforme se depreende da página Observatório Societário da ABJ no seu website na internet, o relatório final concluiu que:[121]

- 40% (quarenta por cento) dos processos tiveram o pedido de "dissolução parcial" deferido;
- em 17% (dezessete por cento) houve acordo entre as partes;
- 16% (dezesseis por cento) dos processos ainda estavam em andamento;
- 8,8% (oito vírgula oito por cento) dos processos tiveram o pedido de "dissolução parcial" indeferido;
- 8,7% (oito vírgula sete por cento) não tiveram o pedido apreciado por inércia do autor ou por inépcia da petição inicial;
- em 7,6% (sete vírgula seis por cento) houve desistência do pedido; e,
- em 1,5% (um vírgula cinco por cento) dos casos, o desfecho foi outro, que nenhum dos anteriores.

Para facilitar a visualização da conclusão final do relatório, elaboramos o gráfico abaixo, que é capaz de refletir melhor os resultados levantados pela ABJ:

Gráfico 1: Desfecho dos 1.021 processos – Observatório Societário – ABJ[1]

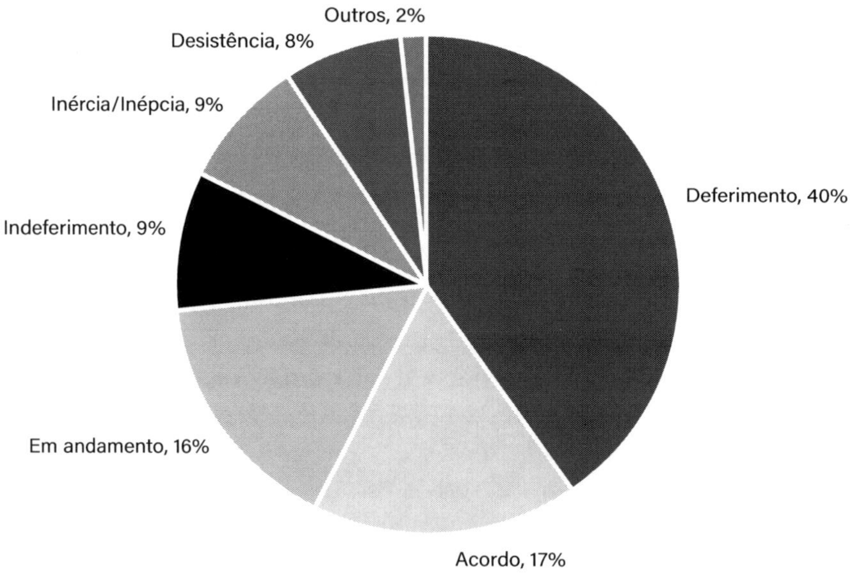

Fonte: ABJ

1 (Ano da distribuição: 2012 a 2020)

Algumas informações obtidas pela ABJ, apesar de não influenciarem no objetivo final deste estudo, serão apresentadas para melhor conhecimento da natureza das atividades das partes envolvidas nos processos judiciais que fizeram parte do universo de pesquisa.

Neste sentido, foi possível detectar as atividades das empresas envolvidas nos litígios em 61,5% (sessenta e um e meio por cento) dos casos.[123].

Elaboramos o gráfico abaixo para refletir melhor as atividades das empresas envolvidas nos processos de "dissolução parcial" que puderam ser detectadas:

Gráfico 2: CNAE das sociedades envolvidas

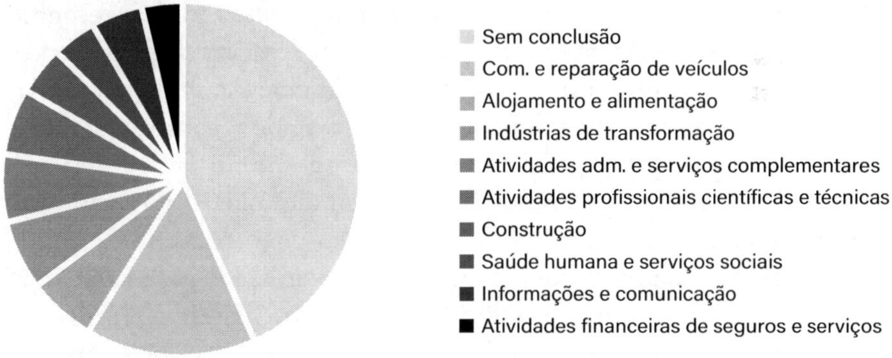

Fonte: ABJ

O referido levantamento está em fase de pesquisa pelo Observatório Societário da ABJ, que ainda não concluiu o relatório final que analisará as semelhanças e diferenças entre as decisões judiciais proferidas antes e depois da entrada em vigor do CPC de 2015.

No entanto, as informações compartilhadas até aqui pela ABJ são suficientes para a conclusão que se pretende obter no presente estudo, que, como já foi dito, é verificar se as decisões judiciais proferidas no bojo do CPC de 2015 fixaram ou não critérios para a "apuração de haveres" na "dissolução parcial".

Para tanto, foi criada uma metodologia específica para separar os processos judiciais que serão capazes de responder ao nosso questionamento, desprezando-se aqueles que não fazem parte do universo pretendido, conforme veremos mais adiante.

05.02. Universo dos processos pesquisados no presente estudo.

Para fins de alcançar o objetivo proposto no presente estudo, como alhures mencionado, foi necessário desprezar os processos judiciais que sabidamente não continham a resposta pretendida.

Já vimos que a análise do trabalho desenvolvido por Marcelo Guedes Nunes, apresentado em sua tese de doutorado, através da utilização de métodos empíricos quantitativos no estudo do Direito, concluiu que mais de 60% das sentenças prolatadas entre os anos de 1997 e 2007 e 2008 a 2011 não indicavam o critério utilizado para a avaliação da sociedade para fins da apuração de haveres.

Este percentual pode trazer inúmeras conclusões, mas é forçoso reconhecer que o Judiciário vinha interpretando o art. 1.031 do CC/2002 de diferentes formas, dependendo de inúmeras variáveis, não se detendo a critérios objetivos ou semelhantes para encontrar o valor da sociedade e, consequentemente, o valor da parcela patrimonial a que o sócio tinha direito.

Caso assim não fosse, seria possível verificar algum critério fixado nas decisões judiciais, quiçá semelhanças entre elas.

Não havendo fixação expressa do critério a ser utilizado para a apuração dos haveres do sócio retirante, falecido, excluído ou dissidente, provavelmente ficava a cargo do perito judicial a conclusão de um valor a partir de um critério subjetivo e pessoalmente escolhido.

Como o problema que se colocou nesta dissertação trata de saber se a inclusão do capítulo especial no CPC de 2015, referente a ação de "dissolução parcial" de sociedades, afetou e, em qual medida, a forma como os julgamentos se deram desde então, apenas com relação à fixação ou não dos critérios a serem utilizados para o cálculo dos haveres pelo perito judicial foram realizados alguns cortes nos processos pesquisados, que serão melhor detalhados adiante.

Assim, dos 1.021 (um mil e vinte e um) processos levantados pelo Observatório Societário da ABJ, foram desprezados 538 (quinhentos e trinta e oito) cuja distribuição e andamento se deram antes de 16 de março de 2016, data da entrada em vigor do CPC de 2015, posto que tais processos não serão capazes de responder ao questionamento perquirido.

Assim, restaram apenas 483 (quatrocentos e oitenta e três) processos que foram ajuizados e tiveram seu prosseguimento depois da *vacatio legis* do novo CPC/2015, que serão capazes de responder ao questionamento levantado no presente estudo, conforme gráfico que elaboramos abaixo para melhor compreensão:

Gráfico 3: Data distribuição dos 1.021 processos (Observatório Societário ABJ)

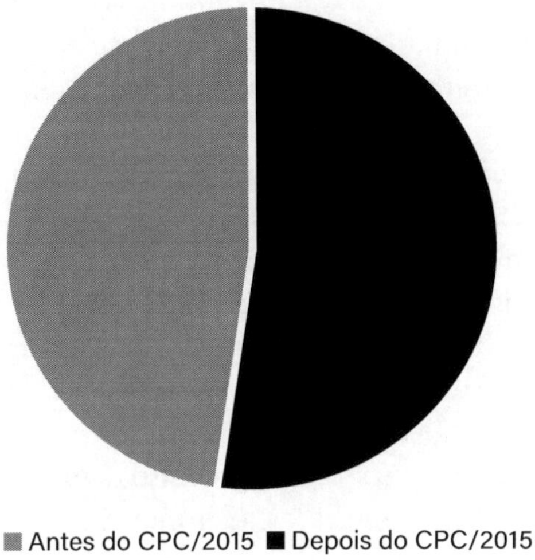

Fonte: ABJ

Assim, restaram apenas 483 (quatrocentos e oitenta e três) processos judiciais do universo de 1.021 (um mil e vinte e um) originalmente levantados pela ABJ, pois 538 (quinhentos e trinta e oito) deles foram ajuizados e tiveram andamento antes da entrada em vigor do CPC de 2015, em 16 de março de 2016.

Dos 483 (quatrocentos e oitenta e três) remanescentes, no entanto, foram excluídos aqueles processos em que houve acordo entre as partes, sem a prolação de decisão interlocutória ou sentença de mérito, posto que em referidos processos não foi possível encontrar qualquer decisão judicial que tenha ou não fixado critério para a "apuração de haveres", segundo o levantamento da ABJ. Estes processos perfazem 116 (cento e dezesseis) casos.

Remanescendo 367 (trezentos e sessenta e sete) processos judiciais, portanto, desprezou-se mais 43 (quarenta e três) que, segundo a ABJ, foram improvidos, não havendo, da mesma forma, qualquer decisão judicial acerca do critério de "apuração de haveres" para fins de análise, passando a remanescer apenas 324 (trezentos e vinte e quatro) processos para estudo.

Deste novo remanescente de 324 (trezentos e vinte e quatro) processos, também foram excluídos da análise 33 (trinta e três) processos em que houve inércia da parte autora ou declaração judicial de inépcia da petição inicial, pois nestes casos também não houve qualquer decisão judicial sobre os critérios de "apuração de haveres", segundo o levantamento da ABJ.

Restando 291 (duzentos e noventa e um) casos que poderiam responder ao questionamento levantado neste trabalho, 100 (cem) processos foram excluídos por ainda estarem em andamento, sem que tenha havido qualquer decisão sobre a "apuração de haveres", segundo o levantamento da ABJ, ou por qualquer outro motivo, mas que também não continham nenhuma decisão judicial sobre os critérios de "apuração de haveres" ou que pudessem ser considerados omissos neste quesito.

Remanescendo, então, 191 (cento e noventa e um) processos para análise, foram considerados apenas aqueles em que o Observatório Societário da ABJ encontrou decisão interlocutória ou sentença que, efetivamente, tenha decidido sobre a "apuração de haveres".

Assim, dos 191 (cento e noventa e um) processos a serem considerados para estudo, conforme acima, foram descartados mais 141 (cento e quarenta e um) processos, cujas sentenças, segundo a ABJ, decidiram pela (i) "dissolução parcial" sem apuração de haveres (2 processos), (ii) pela dissolução total (30 processos), (iii) pela exclusão de sócio sem apuração de haveres (32 processos), (iv) pelo pagamento de indenização sem apuração de haveres (6 processos), (v) pela retirada de sócio sem apuração de haveres (63 processos) e (vi) pelos processos cuja sentença foi apontada como "vazia" (08 processos).

Portanto, os 141 (cento e quarenta e um) descritos foram descartados pelas razões acima relacionadas, porque, segundo a ABJ, não houve indicação de que foi prolatada qualquer decisão sobre a "apuração de haveres".

Restaram para estudo, finalmente, apenas 50 (cinquenta) processos judiciais, cuja sentença teria efetivamente apontado para a "apuração de haveres" (18 processos), para a exclusão de sócio com a apuração de haveres (04 processos) e para a retirada de sócio com a apuração de haveres (28 processos), segundo a ABJ.

O gráfico que elaboramos abaixo representa melhor os desfechos dos 483 (quatrocentos e oitenta e três) remanescentes, que tiveram seu trâmite após a entrada em vigor do CPC de 2015, corte inicial deste estudo:

Gráfico 4: Desfecho dos 483 processos remanescentes (após CPC/2015)

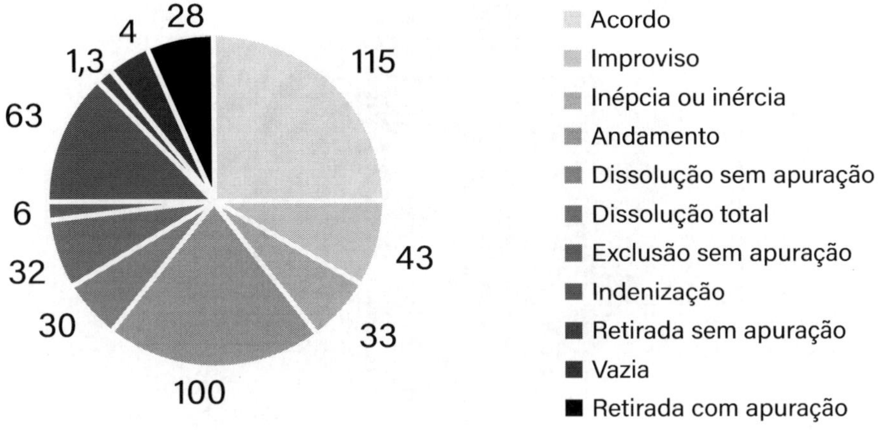

Fonte: ABJ

Restando apenas 50 (cinquenta) processos judiciais para fundamentar o presente estudo, conforme metodologias de corte acima demonstradas, passamos à efetiva análise de cada uma das decisões judiciais ali prolatadas, a fim de verificar se efetivamente o juiz passou a fixar critérios para a "apuração de haveres" na "dissolução parcial" após a entrada em vigor do CPC de 2015, ou se deixou de fazê-lo, como majoritariamente concluiu o estudo anteriormente realizado.

05.03. Resultado da análise estatística

O universo dos casos pesquisados no presente trabalho, portanto, perfaz 50 (cinquenta) processos judiciais, conforme metodologia de corte alhures descrita.

Segundo o Observatório Societário da ABJ, estes 50 (cinquenta) processos apontaram para a "apuração de haveres" (18 processos), para a exclusão de sócio com a apuração de haveres (04 processos) e para a retirada de sócio com a apuração de haveres (28 processos), agora melhor destacados, de forma isolada, no gráfico que elaboramos abaixo:

Gráfico 5: Universo dos 50 processos (analisados neste trabalho)

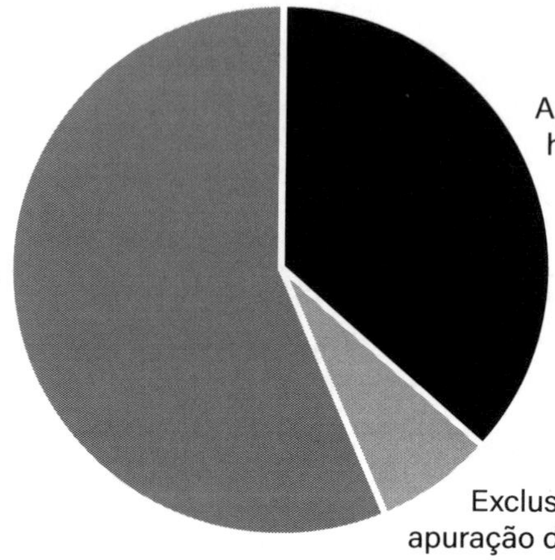

Fonte: ABJ

Conforme já discorrermos, se a intenção da nova norma (CPC/2015) foi determinar os procedimentos a serem seguidos de forma taxativa, bem como estabelecer que o juiz deve fixar critérios para a "apuração de haveres" na "dissolução parcial", os julgamentos proferidos desde então devem, em tese, ter concluído por alguma forma de avaliação, abandonando a expressiva estatística de mais de 60% de decisões que não o fixavam.

Neste sentido, imagina-se que as decisões judiciais devem ter passado a fixar o valor patrimonial a preço de mercado previsto na lei, conforme veremos mais adiante, o valor contábil, o valor nominal da sociedade, ou, ainda, qualquer outro critério objetivo, a fim de auxiliar o perito judicial na efetiva realização dos cálculos, que é o seu mister.

Ademais, os julgamentos proferidos após a entrada em vigor do CPC devem, da mesma forma, ter encontrado alguma unicidade e similitude entre si.

No entanto, não foi exatamente isso que a pesquisa estatística encontrou, mas ainda assim o estudo se revelou animador, tendo concluído por um aumento de 37,5% (trinta e sete e meio por cento) nas decisões judiciais fixando critérios para a "apuração de haveres", passando a representar 55% (cinquenta e cinco) por cento de todas as decisões analisadas, em contraposição aos 40% (quarenta por cento) do estudo anterior, conforme veremos de forma mais detalhada adiante.

Para início dos trabalhos, foram compulsados os autos dos 50 (cinquenta) processos judiciais destacados para estudo.

Analisando os 50 (cinquenta) processos judiciais, no entanto, desprezou-se 10 (dez) processos que, melhor compulsados, não continham qualquer decisão acerca de "apuração de haveres", tratando-se de processos de (i) exibição de documentos (02 processos), (ii) adiantamento de haveres já fixados em 2013, antes da entrada em vigor do CPC de 2015 (01 processo), (iii) prestação de contas entre sócios (04 processos), (iv) apuração de haveres em sociedade simples de advogados (01 processo), (v) acordo antes da fixação de qualquer critério (01 processo) e (vi) reconhecimento de sociedade de fato (01 processo).

No levantamento de processos para análise de dados, é aceitável que haja uma pequena quantidade de dados classificados erroneamente, o que justifica a ilação de 20% (vinte por cento) dos processos de maneira equivocada, como se tivessem tratado de "apuração de haveres", mas que, quando efetivamente analisados, não trataram especificamente do assunto, embora tenham alguma conexão com a matéria.

Tal ocorre por vários motivos, mas o mais provável é que tenham sido classificados no portal eletrônico do Tribunal de Justiça de maneira equivocada pelos patronos das partes ou mesmo pelos serventuários da justiça. Ademais, o equívoco também pode se dar pela análise dos operadores do direito responsáveis pela separação dos dados da pesquisa, cujo equívoco na classificação dos processos se justifica pelo trabalho intelectual humano repetitivo, que é bastante passível de erro.

No entanto, tal circunstância não prejudicará, em hipótese alguma, as conclusões que poderão ser extraídas dos processos remanescentes, constituindo um grande universo de pesquisa, onde efetivamente tratou-se da "apuração de haveres" nas sociedades empresárias, refletindo a análise necessária ao conhecimento integral do que fora decidido.

Partimos, portanto, de 40 (quarenta) processos judiciais que efetivamente determinaram a "apuração de haveres" e fixaram ou deixaram de fixar algum critério para tanto, sendo este o universo de nossa pesquisa.

Vale relembrar que as análises foram realizadas nas decisões judiciais de 1ª instância do Fórum Central de São Paulo, sejam as decisões interlocutórias ou sentenças.

As eventuais decisões de 1ª instância reformadas pelo Tribunal de Justiça de São Paulo, portanto, foram desconsideradas, porque o que se pretende analisar é justamente o cumprimento da nova legislação pelos juízes de 1ª instância, que determinam que seja fixado critério para fins de "apuração de haveres" para evitar longos litígios, demora na prestação jurisdicional ou imprevisibilidade no desfecho da medida.

Conforme já antecipado, portanto, conclui-se que em 55% (cinquenta e cinco por cento) dos casos houve critério fixado pelo juiz, correspondendo a 22 (vinte e dois) processos judiciais, sendo que 07 (sete) processos tiveram seu trâmite perante as Varas Empresariais e 15 (quinze) processos tiveram seu trâmite perante as Varas Comuns.

Por outro lado, em apenas 45% (quarenta e cinco por cento) dos casos, correspondentes a 18 (dezoito) processos judiciais, não houve decisão judicial fixando critérios para a "apuração de haveres", todos estes tramitando nas Varas Comuns.

Isso significa um aumento de 37,5% (trinta e sete e meio por cento) se comparado ao estudo anterior, realizado por Marcelo Guedes Nunes, que havia concluído que mais de 60% (sessenta por cento) das decisões judiciais não fixavam nenhum critério para a "apuração de haveres" na "dissolução parcial" da sociedade.

Repita-se: em 22 (vinte e dois) processos judiciais, sendo 07 (sete) das Varas Empresariais e 15 (quinze) das Varas Comuns, os julgadores fixaram critério para a "apuração de haveres" na "dissolução parcial", enquanto em apenas 18 (dezoito) processos judiciais, todos das Varas Comuns, os julgadores não fixaram critérios, remetendo a "apuração de haveres" para um momento posterior.

Assim, concluímos que, após a promulgação do CPC, que passou a determinar que o juiz fixe critérios como segunda providencia após a data da resolução parcial da sociedade no seu art. 604, 55% (cinquenta e cinco por cento) das decisões judiciais fixaram algum critério para a "apuração de haveres", um aumento, portanto, de 37,5% (trinta e sete e meio por cento) com relação ao estudo anterior, que havia concluído que mais de 60% (sessenta por cento) das decisões judiciais não fixavam critérios para a "apuração de haveres".

Todas as decisões que não fixaram critérios foram prolatadas pelos Juízos das Varas Comuns, o que pode explicar a falha no julgado, que deveria ter fixado algum critério, cumprindo a norma legal do art. 604, II, do CPC. Já as decisões que fixaram critérios foram prolatadas na proporção de 30% pelas Varas Empresariais e 70% pelas Varas Comuns, demonstrando que só foi possível encontrar decisões fixando critérios nas Varas Empresariais.

A expressiva quantidade de decisões judiciais que não fixavam critérios, como já mencionado, foi o que motivou a elaboração de projeto de lei que contribuiu para a inserção de um capítulo especial dedicado à "dissolução parcial de sociedade" no CPC de 2015, a fim de estimular a fixação de critérios pelo juiz, evitando longas batalhas judiciais apenas para se chegar ao critério mais justo a ser utilizados para fins de "apuração de haveres".

No entanto, ainda que tenha havido um aumento de 37,5% (trinta e sete e meio por cento) nas decisões judiciais fixando critérios, a evolução ainda é tímida, reduzindo de 60% (sessenta por cento) para apenas 45% (quarenta e cinco por cento) as decisões acéfalas, ou seja, uma redução de apenas 25% (vinte e cinco por cento) nesta anomalia. Os gráficos abaixo refletem melhor as situações acima descritas:

Gráfico 6: Decisões judiciais antes do CPC/2015.

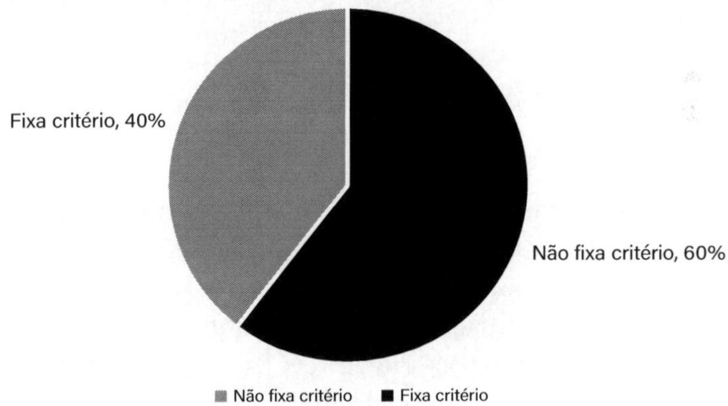

Fonte: Tribunal de Justiça de São Paulo

Gráfico 7: Decisões judiciais depois do CPC/2015.

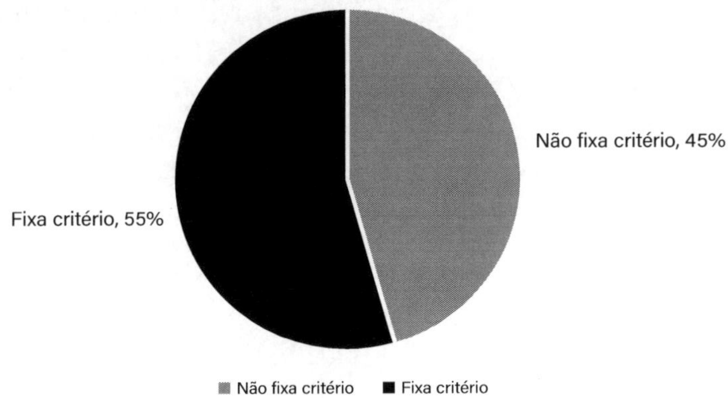

Fonte: Tribunal de Justiça de São Paulo

Para os mais otimistas, no entanto, os gráficos acima trazem um aumento importante na fixação dos critérios em 37,5% (trinta e sete e meio por cento) das decisões judiciais, como já dito.

No entanto, é forçoso reconhecer que, havendo legislação específica que impõe seja fixado um critério pelo juiz, conforme disposição taxativa do art. 604 do CPC de 2015, expressiva deveria ser a quantidade de decisões judiciais refletindo a norma legal, aumentando ainda mais este tímido percentual favorável encontrado na conclusão do estudo.

Ademais, o fato de só terem sido encontradas decisões judiciais fixando critérios nas Varas Empresariais, também demonstra a importância da criação destes entes especializados na matéria, trazendo mais assertividade e, portanto, mais segurança jurídica no ambiente negocial.

05.04. Dos processos judiciais em que não houve fixação de critérios

Com relação à fundamentação das decisões que não fixaram critérios para a "apuração de haveres" mesmo após a promulgação do CPC, correspondente a 45% (quarenta e cinco por cento) dos casos, sendo todas das Varas Comuns, temos que a maior parte delas entendeu que a "apuração de haveres" deveria ocorrer em momento posterior, através da regular liquidação de sentença, justificando, portanto, a ausência de fixação de critério neste primeiro pronunciamento judicial.

No entanto, conforme veremos mais adiante, não nos parece que deixar para um segundo momento a fixação dos critérios tenha sido uma escolha proposital do julgador, como se este fosse o rito a ser seguido.

O que parece da leitura dos dispositivos destes 18 (dezoito) processos é que os julgadores desconheciam a nova norma legal ou deixaram de aplicá-la por pura distração.

Neste sentido, veja destacado no quadro abaixo, resumidamente os dispositivos de alguns destes 18 (dezoito) processos judiciais, correspondentes a 45% (quarenta e cinco por cento) das decisões que não fixaram critérios, cujas partes mais significativas estão brevemente destacadas abaixo:

Quadro 1: Sentença que não fixaram critérios

Processo de nº:	Tribunal	Lauda	Sentença
1029552-28.2016.8.26.0100 **(Vara Comum)**	TJSP	2	A apuração de haveres devidos à autora, em decorrência de sua participação social, ocorrerá após liquidação.
1010888-12.2017.8.26.0100 **(Vara Comum)**	TJSP	11/12	PROCEDENTE o pedido da ação principal, para (...) determinar a "dissolução parcial" da sociedade empresária(...), com a consequente apuração de haveres em ulterior fase de liquidação da sentença.
1011544-66.2017.8.26.0100 **(Vara Comum)**	TJSP	02/03	A "dissolução parcial" implicará a apuração de haveres da sócia excluída, em balanço especialmente elaborado para tanto, a se efetivar em liquidação de sentença.
1015706-07.2017.8.26.0100 **(Vara Comum)**	TJSP	01-03	"(...) devendo ser feita apuração e liquidação dos haveres do sócio retirante a partir do ajuizamento da ação, através de liquidação futura, por arbitramento, observado para tanto os princípios referentes à partilha dos bens da herança e a técnica contábil, respeitadas as disposições contratuais preestabelecidas, apurados na proporção do capital social pelo valor real do ativo, importe que será liquidado oportunamente por perícia contábil, através dos pertinentes documentos contábeis, fiscais e bancários. (...)".
1027604-17.2017.8.26.0100 **(Vara Comum)**	TJSP	5	"Ante o exposto, JULGO PARCIALMENTE PROCEDENTE o pedido para determinar a 'dissolução parcial' da sociedade (...) e a apuração dos respectivos haveres, em ulterior liquidação de sentença (...)".

1112201-16.2017.8.26.0100 **(Vara Comum)**	TJSP	3	"Pelo exposto, julgo procedente o pedido inicial (...) com a observação de que a apuração de haveres será feita em liquidação de sentença (...)".
1007267-76.2018.8.26.0001 **(Vara Comum)**	TJSP	2	"Ante o exposto, JULGO PROCEDENTE o pedido para determinar a "dissolução parcial" da sociedade (...) e a apuração definitiva dos respectivos haveres, em ulterior fase de liquidação de sentença (...)".

Fonte: Decisões TJSP

A ausência da fixação dos critérios para apuração dos haveres pode parecer inofensiva à primeira vista, principalmente por remeter a um momento processual brevemente posterior, mas na prática é prejudicial e causa efeitos maléficos e deletérios da efetiva entrega da prestação jurisdicional.

Neste sentido, não é preciso ir muito longe para imaginar as situações prejudiciais que este tipo de lacuna causa, como a insegurança jurídica, as dificuldades do perito pela ausência de critério específico que deveria ser determinado pelo julgador e o descontentamento das partes envolvidas por desconhecerem a forma como será avaliada a sociedade, prejudicando o regular andamento de suas atividades e o seu planejamento financeiro. O mesmo vale para quem é credor dos haveres da sociedade.

Em alguns destes casos, como não poderia deixar de ser, as partes são obrigadas a alongar o prazo do litígio apenas para ver um critério fixado pelo Poder Judiciário.

Poder-se-ia alegar que interpor recurso nesta fase, apenas para ter um critério fixado, trata-se de mero preciosismo da parte, já que poderia aguardar a fase de liquidação da sentença para finalmente conhecer os critérios que serão utilizados para avaliar a empresa objeto do litígio.

No entanto, não se pode deixar de considerar que o processo judicial também é instrumento para que as partes obtenham vantagens outras que não aquelas especificadas no procedimento, de forma que a parte que pretende postergar ao máximo o pagamento do sócio, por exemplo, pode recorrer da decisão que deixou de fixar critérios apenas para deixá-lo à situação de míngua e facilitar um acordo por um valor sabidamente inferior, que certamente não é o que a justiça almeja.

Assim, permitir que as decisões judiciais sejam obscuras, omissas ou controversas, quando ao tratar da apuração de haveres de uma sociedade, deixa de fixar especificamente os critérios que deverão ser utilizados para sua avaliação, e não contribui para o desfecho razoável do processo, o que inclusive foi contemplado pelo art. 4º do CPC, que dispõe que "as partes têm direito de obter em prazo razoável a solução integral da lide, incluída a atividade satisfativa.".

E para comprovar empiricamente a conclusão lógica de que o Poder Judiciário deve ser o mais assertivo possível, dando às partes o que dele se espera, sem margens de dúvidas e sem possibilitar a abertura de novas instâncias para discussão, foi possível verificar que nos 18 (dezoito) processos em que não houve fixação de critério para apuração de haveres, em pelo menos 04 (quatro) deles, ou seja, em mais de 22% (vinte e dois por cento) dos casos, houve recurso exatamente pela ausência de fixação de critério pelo julgador, alongando ainda mais o litígio.

Para demonstrar este cenário, trazemos um caso concreto dentre os 18 (dezoito) citados acima, em que a sentença que não fixou critério para a apuração de haveres deu ensejo a um Recurso de Apelação que só foi julgado 03 (três) anos depois, ou seja, postergando o litígio além do que deveria.

Processo de nº 1062726-28.2016.8.26.0100 – A sentença assim decidiu (lauda 04): *"Ante o exposto, JULGO PROCEDENTE a presente ação para DECLARAR parcialmente a dissolução da sociedade (...)* ***determinando a apuração de haveres societários, para liquidação da sociedade****, (...). Após o trânsito em julgado,* ***será iniciada a fase de apuração de haveres da sociedade****, com nomeação de perito contábil para elaborar o balanço especial da sociedade". (TJSP; Processo 102726- 28.2016.8.26.0100; Relator (a)/ Juiz (a): Flavia Poyares Miranda, 28/11/2017, grifo nosso)*

Veja que o juiz não determinou o critério que deveria ser seguido pelo perito para fins de "apuração de haveres". Neste processo, somente porque não havia critério fixado pelo juiz, o laudo pericial concluiu por um valor subjetivamente lançado, que obviamente fez com que a parte prejudicada interpusesse o respectivo recurso de apelação, alegando que o método eleito pelo perito não foi previsto na sentença de 1ª instância.

O acórdão foi prolatado quase 03 (três) anos depois, como já dito, sob fundamento, justamente, da ausência de fixação de critério na sentença de 1ª instância, fazendo com que o perito escolhesse o critério por sua própria vontade. Processo de nº 1062726-28.2016.8.26.0100 – Conforme se verifica na lauda 02 do acórdão prolatado nos autos do Agravo de Instrumento n.º 2103307-38.2020.8.26.0000: *"inconformados, os recorrentes sustentam que* ***o método eleito pelo perito*** *– fluxo de caixa descontado –* ***não tem previsão na sentença*** *transitada em julgado ou no contrato social e não deve ser empregado para pessoa jurídicas de pequeno porte, mormente porque é incompatível coma atual situação financeira da sociedade".* (TJSP; Processo 2103307-38.2020.8.26.0000; Relator Araldo Telles, 05 de outubro de 2020, grifo nosso)

E no corpo do acórdão foi possível verificar que o próprio Tribunal confirmou a ausência de critério para a apuração de haveres pelo juiz de 1º grau, conforme verifica-se na lauda 3, o que levou o perito a escolher um método por sua própria conta, o que, por óbvio, seria impugnado pela parte prejudicada. Vejamos: *"Ato contínuo,* ***dado que nem a r. sentença,*** *nem o contrato social (origem-fls.36/44)* ***estabeleceram metodologia para o cálculo dos ativos sociais,*** *o exposto, de forma justificada (origem-fls. 453,785/790, 852/862, 874/882 e 900/911), elaborou balanço especial avaliando os intangíveis pelo fluxo de caixa descontado."* (TJSP Processo 2103307-38.2020.8.26.0000; Relator Araldo Telles, 05 de outubro de 2020, grifo nosso)

Veja que as partes amargaram quase 03 (três) anos a mais de discussão judicial apenas para o Poder Judiciário fixar um critério para a "apuração de haveres".

A mesma situação ocorreu em outro processo dentre os 18 (dezoito) que não fixaram critérios, cuja sentença que não os fixou deu ensejo ao respectivo recurso, que foi julgado quase 1,5 (um ano e meio) depois. Conforme constou da decisão: *"Julgo PROCEDENTE o pedido da ação principal, para (...) determinar a "dissolução parcial" da sociedade empresária (...),* ***com a consequente apuração de haveres em ulterior fase de liquidação da sentença"***. (TJSP; Processo 1010888-12.2017.8.26.0100; Juiz Márcio Teixeira Laranjo. 26/02/2018, grifo nosso)

O v. acórdão, por sua vez, reconheceu que a controvérsia se delimitada justamente à "apuração de haveres" da sociedade (fls. 527): ***"A controvérsia de maior relevância a ser aqui dirimida se concentra na apuração de haveres da sociedade*** *que atua no ramo da alta gastronomia (restaurante Ester Rooftop)".* (TJSP; Processo 1010888-12.2017.8.26.0100; Relator: Maurício Pessoa, 08/04/2019, grifo nosso)

Por fim, o E. TJSP acabou fixando os critérios que deveriam ter sido fixados pelo juiz de 1º grau, assim decidindo (fl.530): *"Em suma, a natureza da espécie societária em questão não permite ignorar a existência de componentes subjetivos de relevância na composição das quotas sociais inclusive demonstrada documentalmente, de modo que* ***não*** é ***possível a transposição da orientação integral-***

mente à hipótese para incluir na base de cálculo o fundo de comércio". (TJSP; Processo 1010888-12.2017.8.26.0100; Relator: Maurício Pessoa, 08/04/2019, grifo nosso)

Por fim, apenas para ratificar o entendimento de que decisões judiciais acéfalas com relação ao critério a ser verificado na "apuração de haveres" são altamente prejudiciais, postergando o litígio, trouxemos mais um caso dentre os 18 (dezoito) mencionados, processo n.º 1027639-74.2017.8.26.0100, cuja sentença prolatada deixou para outra oportunidade o critério de apuração de haveres, assim consignando: *"Fica decretada a "dissolução parcial" da sociedade, subsistindo para todos os efeitos legais até o término da* ***apuração e liquidação dos haveres do sócio retirante, a qual será empreendida mediante perícia técnica em sede de liquidação de sentença".*** (TJSP; Processo 1027639-74.2017.8.26.0100; Juiz: Helmer Augusto Toqueton Amaral, 21/08/2017, grifo nosso)

A ausência de fixação de critérios nesta sentença motivou o respectivo recurso de apelação, cujo acórdão foi proferido mais de 01 (um) ano depois, postergando o litígio: *"afirmam que, negado na sentença seu ingresso nos quadros sociais da empresa,* ***foi deliberada*** *a 'dissolução parcial' da sociedade e determinada* ***a apuração dos haveres em fase de liquidação.*** *Argumentam, contudo, que* ***a sentença não explicitou bem os critérios nos quais se pautará a apuração, que requerem que sejam agora fixados".*** *(TJSP; Processo 1027639-74.2017.8.26.0100; Relator: Claudio Godoy, 10/09/2018,* grifo nosso)

Veja, portanto, a comprovação de que a ausência de fixação de critérios na decisão de 1ª instância causa maior conflito e alonga o litígio para além do que necessário.

Na análise deste Recurso de Apelação, cujo nº é 1027639-74.2017.8.26.0100, o Tribunal de Justiça confirmou, em mais de uma oportunidade, a necessidade de fixar critérios para a apuração de haveres. Vejamos: *"Daí que, já inquestionável a negativa de inclusão dos autores nos quadros sociais da empresa ré, bem assim a determinação de "dissolução parcial" da sociedade,* ***resta, apenas, esclarecer nesta instância os parâmetros a se observarem para a apuração dos haveres".*** (TJSP; Processo 1027639- 74.2017.8.26.0100; Relator Claudio Godoy, 10/09/2018, grifo nosso)

E finalmente fez o que a sentença de 1ª instância deveria ter feito, fixando critérios nos termos da lei, assim consignando: *"de igual sorte,* ***com relação à forma pela qual se dará a apuração dos haveres, vê-se que a sentença asseverou, apenas, que ela se daria na fase de liquidação****, e 'proporcionalmente ao importe do valor patrimonial líquido de suas quotas, compensados os eventuais* *débitos escriturados'.* ***Deve-se, porém, esclarecer e expressar que a apuração se deve fazer nos termos do contrato social, que, conforme visto acima (cláusula XIII fls. 126 do principal), não traz previsão dissonante dos termos do art. 1.031 do CC".*** (TJSP; Processo 1027639- 74.2017.8.26.0100; Relator Claudio Godoy, 10/09/2018, grifo nosso)

Tivesse a sentença de 1ª instância fixado critério, não seria necessário que o Tribunal de Justiça o fizesse em 2ª instância.

Deve-se levar em consideração que os casos analisados são recentes, o que não nos dá uma quantidade volumosa de dados para análise, no sentido de que as decisões, provavelmente, ainda estão sendo objeto de discussão em fase de cumprimento de sentença, que podem ensejar ainda mais recursos.

Por fim, todas as decisões judiciais deficientes de critérios foram prolatadas pelas Varas Comuns, o que pode justificar referido absenteísmo, justificando ainda mais a necessidade de que os processos judiciais que tratam de "dissolução parcial" com a respectiva "apuração de haveres" deve ter seu trâmite perante as Varas Empresariais, composta por julgadores especializados na matéria.

Tanto é assim que o presente estudo só foi capaz de encontrar decisões judiciais fixando critérios perante as Varas Empresariais, como antes mencionado.

Sendo assim, foi possível detectar que a ausência de fixação de critérios nas decisões judiciais de 1ª Instância permitiu maiores delongas no desfecho dos litígios, o que não colabora para a concretização da segurança jurídica e para o efetivo crescimento econômico do país, já que desfechos rápidos e assertivos levariam a maiores investimentos em razão da certeza do retorno investido pelo sócio e pela sociedade.

05.05. Dos processos judiciais em que houve fixação de critérios

Passando-se à análise das 22 (vinte e dois) decisões judiciais que fixaram critério para a "apuração de haveres", correspondentes a 55% (cinquenta e cinco por cento) de todas as decisões analisadas no presente estudo, foi possível concluir que cerca de 30% (trinta por cento) delas foram prolatadas pelo Juízo das Varas Empresariais, correspondente a 07 (sete) processos judiciais, enquanto 70% (setenta por cento) foram prolatadas pelos Juízos das Varas Comuns, correspondente a 15 (quinze) processos.

O gráfico abaixo elaborado reflete melhor a quantidade de decisões judiciais por especialidade da vara:

Gráfico 8: Decisões judiciais fixando critérios por vara

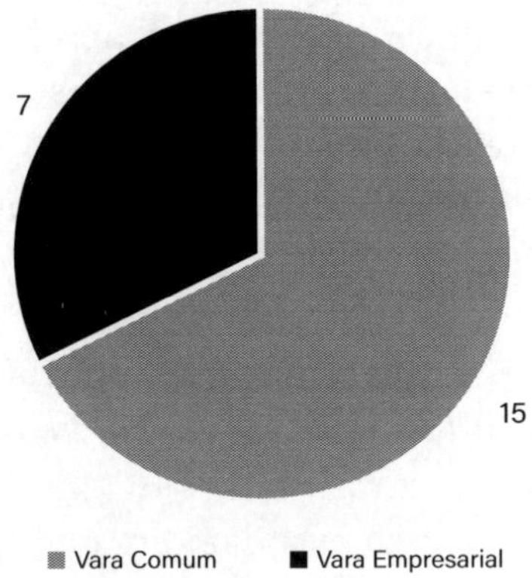

Fonte: Tribunal de Justiça de São Paulo

Este fato provavelmente ocorreu porque a maior parte dos processos pesquisados foram distribuídos antes da inauguração das Varas Empresariais no Fórum Central de São Paulo.

Neste sentido, dos 22 (vinte e dois) processos pesquisados, 03 (três) foram distribuídos em 2016, 13 (treze) foram distribuídos em 2017 e 06 (seis) foram distribuídos em 2018, ou seja, muitos processos já haviam sido distribuídos quando foram criadas as Varas Empresariais em 2017.

O gráfico abaixo elaborado reflete melhor o ano de distribuição dos 22 (vinte e dois) processos judiciais em que houve fixação de critério para a "apuração de haveres":

Gráfico 9: Decisões judiciais fixando critérios por ano de distribuição

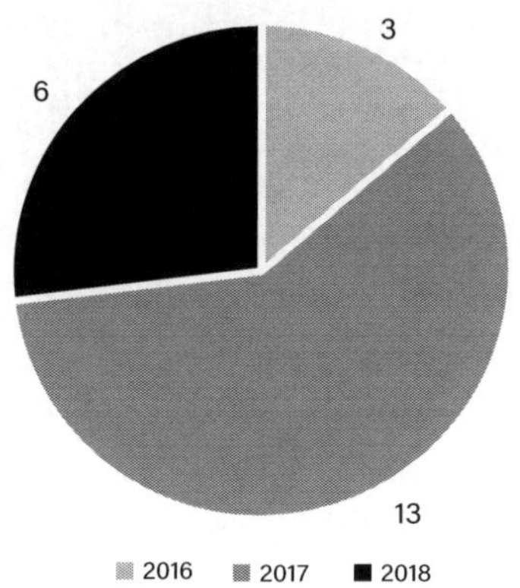

Fonte: Tribunal de Justiça de São Paulo

Assim, conclui-se que quando as Varas Empresariais foram criadas, em 2017, a maior parte dos 22 (vinte e dois) processos em que houve a fixação de critérios para a "apuração de haveres" já haviam sido distribuídos às Varas Comuns, únicas existentes até então.

Isso explicaria por que apenas 30% (trinta por cento) das decisões judiciais fixando critérios foram prolatadas pelo Juízo da Vara Empresarial.

Com relação ao ano em que foram proferidas as 22 (vinte e duas) decisões judiciais fixando critérios, temos que 06 (seis) foram proferidas em 2017, 8 (oito) foram proferidas em 2018, 5 (cinco) foram proferidas em 2019 e 03 (três) foram proferidas em 2020.

O gráfico abaixo reflete melhor a data em que foram proferidas as 22 (vinte e duas) decisões judiciais fixando critérios:

Gráfico 10: Decisões judiciais fixando critérios, por ano em que foram proferidas

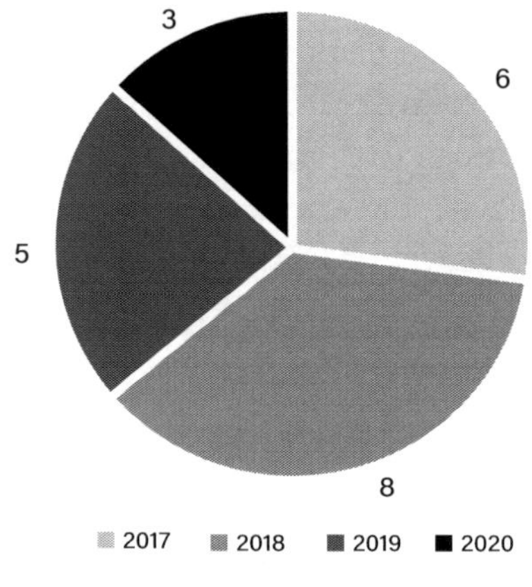

Fonte: Tribunal de Justiça de São Paulo

A integralidade das 22 (vinte e duas) decisões judiciais que fixaram critérios foram proferidas a partir de 2017, embora o CPC de 2015 tenha entrado em vigor em março de 2016.

Com relação à especialidade das varas, em 2017 todas as 06 (seis) decisões foram proferidas pelas Varas Comuns; em 2018 foram proferidas 03 (três) decisões pelas Varas Comuns e 05 (cinco) decisões pelas Varas Empresariais; em 2019 foram proferidas 04 (quatro) decisões pela Vara Comum e 01 (uma) decisão pela Vara Empresarial e em 2020 foram proferidas 02 (duas) decisões pela Vara Comum e 01 (uma) decisão pela Vara Empresarial.

Os gráficos abaixo elaborados comparam as decisões judiciais por vara e ano em que foram proferidas:

Gráfico 11: Decisões judiciais fixando critérios nas Varas Empresariais por ano.

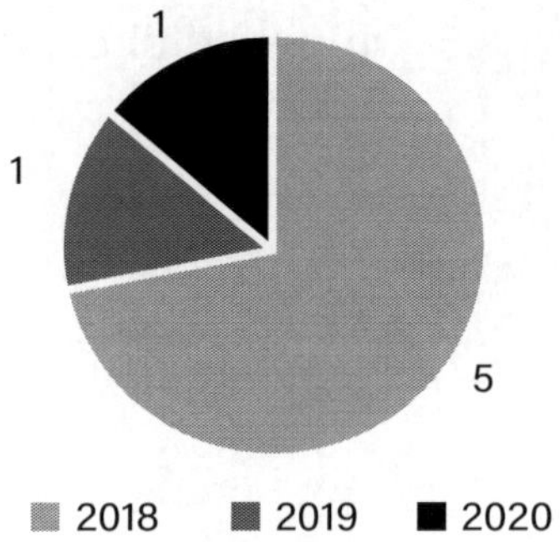

Fonte: Tribunal de Justiça de São Paulo

Gráfico 12: Decisões judiciais fixando critérios nas Varas Comuns por ano.

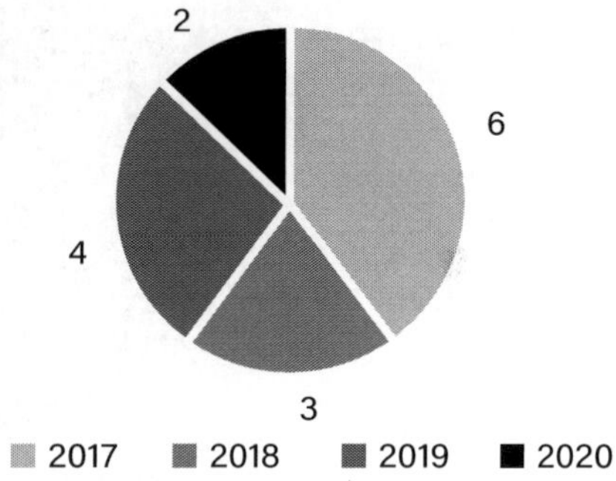

Fonte: Tribunal de Justiça de São Paulo

Veja que, além de haver mais decisões fixando critérios proferidas pelas Varas Comuns, correspondente a 70% (setenta por cento) de todas as decisões, as decisões proferidas pelo Juízo das Varas Empresariais se deram em maior quantidade em 2018, logo após a criação das Varas Empresariais em 2017, mas não aumentaram desde então.

No entanto, como já mencionado, quando as Varas Empresariais foram criadas, em 2017, a maior parte dos 22 (vinte e dois) processos em que houve a fixação de critérios para a "apuração de haveres" já haviam sido distribuídos às Varas Comuns, o que explicaria por que apenas 30% (trinta por cento) delas foram prolatadas pelo Juízo da Vara Empresarial.

Com relação ao critério que foi fixado nas 22 (vinte e duas) decisões judiciais, foi possível depreender que: 16 (dezesseis) decisões judiciais mencionaram explicitamente os art. 1.031 do CC de 2002 e/ou o art. 606 do CPC de 2015; e, 06 (seis) decisões judiciais fixaram o critério previsto no contrato social ou repetiram a expressão exata contida em lei, determinado a "apuração de haveres" pelo critério legal, com base na situação patrimonial da sociedade, avaliando ativos e passivos, tangíveis e intangíveis a preço de saída, sem mencionar explicitamente o art. 1.031 do CC de 2002 ou art. 606 do CPC de 2015.

O gráfico elaborado abaixo reflete melhor os critérios fixados pelos Juízes nestas 22 (vinte e duas) decisões judiciais:

Gráfico 13: Critérios fixados

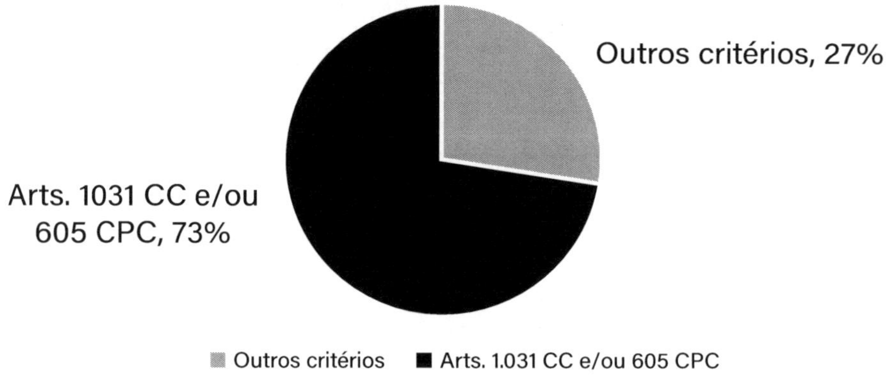

Fonte: Tribunal de Justiça de São Paulo

Não há muito o que explorar nas 16 (dezesseis) decisões judiciais que mencionaram explicitamente o art. 1.031 do CC de 2002 ou o art. 606 do CPC de 2015.

Com relação aos 06 (seis) processos cujas decisões judiciais fixaram o critério previsto em contrato ou repetiram a expressão contida em lei, no entanto, 03 (três) acolheram o critério previsto em contrato social ou estatuto e 03 (três) repetiram o conceito legal previsto no art. 1.031 do CC de 2002 ou no art. 606 do CPC de 2015, sem, no entanto, mencioná-los.

As respectivas sentenças referentes a estes 06 (seis) casos serão brevemente reproduzidas para facilitar melhor a compreensão, conforme destacado no quadro abaixo:

Quadro 2: Decisões que acolheram o critério previsto em contrato social ou estatuto (3 processos judiciais)

Processo de nº:	Tribunal de Justiça	Lauda	Sentença
1000417-34.2017.8.26.0100 **(Vara Comum)**	TJSP	71	"Assim sendo, deve ser deferida a 'dissolução parcial' da sociedade, (...) e a liquidação de seus haveres, na forma do estatuto social".
1038652-76.2017.8.26.0001 **(Vara Empresarial)**	TJSP	6/7	"Em relação aos haveres, aplica-se o disposto na cláusula décima primeira do contrato social [fl. 23], que dispõe:" "(...) o pagamento dos haveres, por seu turno, dar-se-á conforme o parágrafo terceiro da cláusula".
1019556-69.2017.8.26.0100 **(Vara Comum)**	TJSP	01	"Assim, (...) a devida apuração dos haveres em comum, a serem partilhados, a qual ocorrerá da forma como prevista nos estatutos da sociedade (cláusula 13ª, parágrafo único, de seu contrato social, fl. 33), a qual, em essência, reproduz a norma do art. 1031 do Código Civil."

Quadro 3: Decisões que acolheram o critério o critério legal previsto nos art. 1.031 do CC/2002 e/ou 606 do CPC/2015 (3 processos judiciais)

Processo de nº:	Tribunal de Justiça	Lauda	Sentença
1002696-90.2017.8.26.0100 **(Vara Comum)**	TJSP	02	"Diante do exposto, (...) 2) determinar a apuração dos haveres do autor mediante perícia em liquidação de sentença com ampla e exata verificação física e contábil dos bens e direitos do ativo, tangíveis e intangíveis, bem como de obrigações e passivos da sociedade, tudo até 06/02/2017".
1038652-76.2017.8.26.0001 **(Vara Comum)**	TJSP	02	"Impõe-se ponderar que a liquidação da cota-parte do sócio retirante deve ser feita de forma ampla, porquanto a dissolução, ainda que parcial, deve obedecer às regras da dissolução total, para atribuir-se ao sócio retirante exatamente o justo e igualitário, como se de dissolução total se cuidasse".
1086256-27.2017.8.26.0100 **(Vara Comum)**	TJSP	03	"(...)deverá ser iniciada a fase de liquidação por arbitramento, com a produção de prova pericial contábil, devendo a apuração de haveres ser efetivada com a elaboração de balanço especial de acordo com o patrimônio real e efetivo da sociedade, que deverá considerar bens corpóreos e incorpóreos e eventuais propriedade imateriais".

Conclui-se, portanto, que o judiciário passou a aplicar o novo regramento Código de Processo Civil com relação à "dissolução de sociedades" com a "apuração de haveres" em 55% dos processos julgados sob sua vigência, contra os 40% (quarenta por cento) do estudo anterior, um aumento de 37,5% (trinta e sete e meio por cento).

Destes 55% (cinquenta e cinco por cento) em que houve decisão sobre a apuração de haveres, fixando critérios, 73% (setenta e três por cento) mencionaram, efetivamente, os artigos de lei respectivos (art. 1.031 do CC ou art. 606 do CPC), enquanto 27% (vinte e sete por cento) fixaram o critério do contrato ou repetiram os artigos de lei, sem mencioná-los expressamente.

Por fim, 07 (sete) processos tiveram seu trâmite perante o Juízo das Varas Empresariais, correspondente a cerca de 30% (trinta por cento) dos casos, enquanto 15 (quinze) tiveram seu trâmite perante as Varas Comuns, correspondendo a 70% (setenta por cento) dos casos, mas a maior parte dos processos já estava distribuída quando foram inauguradas as Varas Empresariais no Fórum Central de São Paulo.

Ademais, foi possível verificar certa unicidade nas decisões judiciais que fixaram critérios, o que demonstra conhecimento da matéria pelos julgadores e acolhimento das normas legais atinentes à matéria, evitando maiores delongas judiciais e encurtando o início da próxima fase para o efetivo cálculo dos haveres pelo perito.

No presente estudo, portando, restou comprovado que os estudos empíricos que apoiaram a proposta de alteração do regramento de dissolução das sociedades, redundando na inclusão do Procedimento Especial do Capítulo V – "DA AÇÃO DE "DISSOLUÇÃO PARCIAL" DE SOCIEDADE" no CPC, surtiu os efeitos esperados, aumentando em 37,5% (trinta e sete e meio por cento) as decisões judiciais que fixaram critérios para fins de "apuração de haveres".

Concluído o estudo, superando a fase inicialmente anterior à elaboração do laudo pericial, responsável por realizar os cálculos correspondentes ao critério fixado pelo juiz, seja em decisão de 1ª Instância, seja após inúmeros recursos para se chegar ao critério a ser utilizado, passamos a discorrer sobre a forma como estes cálculos são realizados, demonstrando que no Direito nada é definitivo e a dúvida sempre persiste.

Assim, discorrermos sobre a interpretação dos critérios fixados em lei, que também sofreram grande evolução doutrinária e jurisprudencial, culminando no atual entendimento de que a escolha dos arts. 1.031 do CC e 606 do CPC foi o "critério patrimonial", conforme veremos adiante.

06.

DOS CRITÉRIOS DE APURAÇÃO DE HAVERES

Concluído o estudo, restou comprovado um aumento de 37,5% (trinta e sete e meio por cento) nas decisões judiciais fixando critérios para fins de "apuração de haveres".

Isso significa dizer que a fase inicialmente anterior à elaboração do laudo pericial pelo expert, responsável por realizar os cálculos correspondentes ao critério já fixado pelo juiz, seja em decisão de 1ª instância, seja após inúmeros recursos para se chegar ao critério a ser utilizado, passamos a discorrer sobre a forma como estes cálculos são realizados, demonstrando que no direito nada é definitivo e a dúvida sempre persiste.

Assim, discorreremos sobre a interpretação dos critérios fixados em lei, que também sofreram grande evolução doutrinária e jurisprudencial, culminando no atual entendimento de que a escolha dos arts. 1.031 do CC e 606 do CPC foi o "critério patrimonial", conforme veremos adiante.

06.01. Da previsão legal e natureza das controvérsias

Não obstante tenha sido verificado um aumento de 37,5% nas decisões judiciais que fixam critérios para apurar os haveres dos sócios na "dissolução parcial" da sociedade após a promulgação do CPC de 2015, ainda persiste alguma controvérsia, principalmente sobre os elementos que devem compor o "valor patrimonial" referido na lei.

Com relação ao balanço que deve ser levantado para apurar os haveres, parece não existir grandes controvérsias. Enquanto o art. 1.031 do Código Civil de 2002 fala em "balanço especial", o art. 606 do CPC de 2015 fala em "balanço de determinação", o que na prática, tem o mesmo significado. Tanto o "balanço especial" como o "balanço de determinação" denotam a necessidade de que seja levantado um balanço específico, em determinada data, para fins de "apuração de haveres".

Ainda assim, o STJ já se pronunciou no sentido de que os balanços não são idênticos, trazendo a definição técnica e contábil de vários deles. Vejamos: *"(...) o balanço de determinação constitui espécie que se contrapõe aos seguintes outros tipos de balanço: (i) balanço periódico ou ordinário (reflete o valor patrimonial contábil, retratando a situação patrimonial da sociedade no encerramento do exercício social, sendo utilizado sobretudo para fins fiscais); (ii) balanço especial (reflete o valor patrimonial contábil em data presente, sendo utilizado para atualização do ativo e do passivo em virtude de fatos contábeis verificados ao longo do exercício social); (iii) balanço de cessão (reflete o valor patrimonial – econômico – de alienação da sociedade, sendo influenciado pelos interesses que envolvem a negociação entre comprador e vendedor) e (iv) balanço de liquidação (reflete o valor patrimonial real para fins de encerramento da sociedade, com exclusão dos bens intangíveis, que só existem com a empresa em funcionamento)".* (REsp 1.335.619/SP, Relatora Min. Nancy Andrighi, Terceira Turma, Dje 27/3/2015)

No entanto, como já mencionado, na prática, ambos os balanços são entendidos como aqueles que devem ser levantados especialmente na data do evento.

Com relação ao critério que deve ser utilizado para avaliar o patrimônio da sociedade, da mesma forma, os dispositivos convergem ao dispor que se dará por meio da avaliação patrimonial, determinando que seja feita "com base na situação patrimonial" no art. 1.031 do CC de 2002 e por meio do "valor patrimonial" no art. 606 do CPC de 2015.

O art. 606 do CPC de 2015 apenas repete as disposições do art. 1.031 do CC de 2002, detalhando melhor o que deve ser considerado no cálculo do "valor patrimonial da sociedade", determinando a avaliação dos "bens e direitos do ativo, tangíveis e intangíveis, a preço de saída" e o passivo de igual forma.

Referido dispositivo "dá concretude ao art. 1.031 do Código Civil (LGL/2002/400)", que já fixava o "valor patrimonial" da empresa para fins de apuração de haveres, como vimos.

Para Marcelo Fernandez Trindade e Thiago Saddi Tannous, no entanto, o art. 1.031 do CC de 2002 era insuficiente para responder às demandas societárias, o que teria sido suprido com a promulgação do art. 606 do CPC de 2015. Vejamos: *"o art. 1.031 estabeleceu um método de cálculo comum aos diferentes tipos societários e às distintas hipóteses que podem ensejar a apuração de haveres. Mas o fez de maneira insuficiente, especialmente à luz do intenso debate que já grassava na doutrina e na jurisprudência no regime anterior".1*

Neste sentido, o art. 606 do CPC/2015 teria trazido mais clareza ao método a ser aplicado. Vejamos o quadro comparativo que preparamos:

Quadro 4: Método Apuração de haveres

Código Civil/2002:	Código de Processo Civil/2015
"art. 1.031. Nos casos em que a sociedade se resolver em relação a um sócio, **o valor da sua quota**, considerada pelo montante efetivamente realizado, **liquidar-se-á**, salvo disposição contratual em contrário, **com base na situação patrimonial da sociedade**, à data da resolução, verificada em **balanço especialmente levantado**." (grifo nosso).	"art. 606. Em caso de omissão do contrato social, **o juiz definirá como critério de apuração de haveres o valor patrimonial apurado em balanço de determinação**, tomando-se por referência a data da resolução e **avaliando-se bens e direitos do ativo, tangíveis e intangíveis, a preço de saída**, além do passivo também a ser apurado de igual forma." (grifo nosso)

A questão que pode se colocar é porque os juízes não indicavam o critério utilizado para a avaliação da sociedade antes do CPC de 2015 em mais de 60% das decisões judiciais, conforme estudo já mencionado, se já havia dispositivo de lei determinando o critério patrimonial no art. 1.031 do CC de 2002.

Ainda que as decisões do referido estudo tenham sido medidas a partir de 1997, ou seja, antes da promulgação do art. 1.031 do CC de 2002, fato é que os processos analisados vão até 2011, ou seja, foram analisadas as decisões prolatadas durante 09 (nove) anos de vigência do art. 1.031 do CC de 2002.

Podemos atribuir à problemática encontrada a duas hipóteses: a primeira seria a inexistência de dispositivo legal que regulasse o procedimento de "dissolução parcial" de forma sistemática, até a promulgação do CPC de 2015, ou seja, não havia determinação legal específica quanto ao procedimento que o juiz deveria seguir no processo judicial. Não havia nenhuma determinação legal que atribuísse ao juiz a obrigação de fixar os critérios a serem observados na "apuração de haveres".

---

1 TRINDADE, Marcelo Fernandez; TANNOUS, Thiago Saddi. *O art. 1.031 do Código Civil e a sua Interpretação.* In: YARSHELL, Flávio Luiz; PEREIRA, Guilherme Setoguti J. Processo Societário II. São Paulo. Quartier Latin, 2015. 3º v., p. 501.

O art. 604 do CPC de 2015, por sua vez, passou a determinar a necessidade de fixação de critério pelo juiz, como segunda providência após a fixação da data da resolução da sociedade, comando inexistente no CC de 2002.

A segunda hipótese seria a simples determinação de "liquidação" da quota pelo art. 1.031 do CC de 2002, critério mais genérico do que o escolhido pelo art. 606 do CPC de 2015, que determina a avaliação dos "bens e direitos do ativo, tangíveis e intangíveis, a preço de saída", assim como o passivo de igual forma.

Havendo clareza na lei quanto ao procedimento a ser seguido, regulando o "passo a passo" do processo judicial de forma taxativa, bem como especificando melhor como devem ser calculados os haveres na "dissolução parcial", passou- se a utilizá-la com mais frequência.

Estes foram os prováveis motivos que levaram ao aumento de 37,5% nas decisões judiciais que passaram a fixar critério para a "apuração de haveres" após a promulgação do CPC de 2015, conforme medição discorrida no item 05.

A fixação do critério para a "apuração de haveres", como já vimos, é essencial para que o processo tenha razoável duração, para que a entrega da prestação jurisdicional seja efetiva e para que as empresas possam se planejar adequadamente, sobrevivendo, evoluindo e atraindo investimentos.

Ademais, a fixação dos critérios de "apuração de haveres" que reclamamos que seja definitivamente observada pelo juiz evita que o valor final fixado pelo laudo pericial seja uma grande surpresa, muitas vezes desagradável.

Importante mencionar que a falta de indicação de critérios em mais de 60% das decisões judiciais, segundo o mesmo estudo, vinha acompanhada de outro problema: a data-base do balanço para fins do cálculo dos haveres era omissa em mais de 86% das sentenças medidas.

Este problema, no entanto, parece ter sido definitivamente solucionado pelo art. 605 do CPC de 2015, que trouxe de forma taxativa a data da resolução parcial da sociedade a ser considerada em cada um dos eventos. A controvérsia reside, portanto, apenas nos elementos que devem compor o "valor patrimonial" referido na lei. Neste sentido, algumas interpretações sugerem que a avaliação deve ser feita por meio do "valor patrimonial real", "valor patrimonial de mercado", "valor econômico" ou até "valor contábil", como veremos mais adiante.

Por fim, é importante esclarecer que fixar definitivamente um critério de "apuração de haveres", como reclamado, não significa dizer que as empresas serão avaliadas da mesma forma, ignorando fatores relevantes daquele caso concreto, muito menos que não será necessária a interferência de um *expert* para auxiliar o juiz a entender melhor o seu funcionamento e apurar adequadamente o seu patrimônio.

Se o juiz entender que aquela atividade empresarial demanda maiores elucidações para ser avaliada corretamente, pode se valer de um *expert* para entender melhor qual a forma mais justa e correta de avaliá-la.

O que o juiz não pode é se furtar de delimitar concretamente a controvérsia, fixando adequadamente os critérios que serão utilizados para a efetiva "apuração dos haveres". Neste sentido, bem explica Pedro Guilhardi, citando Fabio Ulhoa Coelho, que *"o perito judicial somente pode dar início ao seu trabalho avaliativo se lhe forem dadas estas duas balizas: a data da dissolução e o critério de avaliação. Quando se inverte a ordem lógica desse procedimento, determinando-se a realização da perícia de avaliação das quotas antes de decididas aquelas duas balizas, tende o processo à irracionalidade e ineficiência".*[2]

A inadequação do procedimento, seja pela ausência de fixação de critérios, seja pela inversão das fases ou pelo desconhecimento do julgador ou do perito judicial, causa insegurança jurídica e prejudica a atividade empresarial, já que atinge, diretamente, a forma como a empresa lida com seus órgãos vitais, essenciais não só à sua sobrevivência como à sua evolução, como já salientado.

Não conhecer exatamente como será avaliada nos eventos de retirada ou no falecimento de seus sócios significa desconhecer os possíveis impactos que podem prejudicar concretamente o seu planejamento financeiro e sua própria atividade.

Por outro lado, é justamente na "apuração de haveres" que as disputas se tornam mais acirradas, em razão da contraposição de interesses totalmente antagônicos, pois enquanto a sociedade deseja a menor descapitalização possível, o sócio retirante, falecido, remido ou excluído deseja a melhor remuneração pela parcela que tem direito no capital social.

Entendida a necessidade de fixação de critérios pelo juiz, passamos a nos deparar, como já mencionado, com as interpretações divergentes quanto à forma como este "valor patrimonial" deve ser calculado.

Neste sentido, se não houvesse tanta divergência acerca dos elementos que devem compor o cálculo dos haveres, como veremos mais adiante, provavelmente as partes não levariam as disputas às últimas consequências, posto que já saberiam o resultado do seu desfecho.

---

2 GUILHARDI, p. 277.

Sendo assim, não haveria motivo para investir no litígio se o desfecho fosse certo, claro e indiscutível. O que se quer dizer é que, fixando adequadamente os critérios, mas também delimitando ao máximo a controvérsia, especificando exatamente quais contornos a avaliação deve assumir, as partes teriam mais previsibilidade sobre o desfecho do conflito, fazendo com que o litígio, talvez, fosse mais evitado.

O que ocorre, no entanto, é que, na prática, as partes não conhecem o resultado que será alcançado na "apuração de haveres", sendo que o valor que será apontado pelo perito judicial é ignorado desde o início, ainda que elas tenham algum conhecimento sobre os critérios fixados pelo juiz.

Tendo o CPC de 2015 determinado que o juiz fixe os critérios que deverão ser utilizados para a "apuração de haveres", o que parece estar sendo seguido, resta saber se esta disposição é suficiente para aniquilar controvérsias, garantindo aos envolvidos que os critérios legais, quando ausente previsão contratual, trarão um resultado mais previsível e evitarão surpresas desagradáveis que podem prejudicar os seus negócios.

06.02. Da suposta venda forçada e a qualquer tempo

Antes de discorrer sobre os elementos que devem compor os cálculos para fins de "avaliação patrimonial" da sociedade, como disposto na norma legal, propomos uma provocação sobre a permissão de retirada a qualquer tempo, conforme autorizada pelo art. 1.029 do CC de 2002.

Já vimos que a saída de um sócio promove a sua transposição a qualidade de credor da sociedade, que passará a ser a devedora dos seus haveres. O mesmo acontece nos casos de dissidência, exclusão ou falecimento. Esta alteração da qualidade de sócio para credor da sociedade, nos casos de retirada, pode se dar a qualquer tempo, sem necessidade de justificativa, significando verdadeira "venda forçada" da participação societária do sócio retirante à sociedade. O mesmo acontece com relação ao sócio falecido.

Isso porque, prescrevendo a lei que a retirada pode se dar a qualquer tempo, independentemente de motivação, a sociedade se obriga a comprar, de modo compulsório, a participação societária do sócio que se retirou, ainda que pelo valor patrimonial.

Esta é uma primeira questão, bastante debatida no bojo das discussões sobre a forma como os haveres devem ser calculados, para justificar o afastamento da geração de lucros futuros no valor a ser pago ao sócio na "dissolução parcial", conforme se verá mais adiante.

No entanto, não é sobre esta questão que se quer debater, neste primeiro momento. O que se discute é se a possibilidade de retirada, a qualquer tempo e sem justificativa, foi uma boa escolha do legislador.

Sabemos que ninguém é obrigado a se associar ou se manter associado, conforme art. 5, inciso XX da Constituição Federal. A permissão de se retirar a qualquer tempo e sem condicionantes, obrigando a sociedade a realizar o pagamento da respectiva quota parte, em verdadeira "venda forçada", no entanto, pode prejudicar a continuidade do negócio de uma empresa, impactando a sua preservação, antes protegida.

Este prejuízo não é só financeiro, relativo ao efetivo pagamento dos haveres. O prejuízo também pode se dar com relação à interação social e moral no bojo da sociedade.

A possibilidade de poder se retirar a qualquer tempo e sem condicionantes, portanto, pode atrapalhar o planejamento econômico e impactar negativamente nos negócios da sociedade.

Basta imaginar um sócio que, receoso dos outros sócios deixarem a sociedade antes dele, passe a buscar sua retirada antecipadamente, apenas para evitar se tornar devedor do outro sócio.

Ainda que o parágrafo único do art. 1.029 do Código Civil de 2002 permita que, nestes casos, os sócios remanescentes possam optar pela "dissolução da sociedade", fato é que será destes a responsabilidade pela liquidação da sociedade, encargo que também é um fardo.

Esta permissão de se retirar da sociedade a qualquer tempo e sem justificativa pode levar à chamada "Teoria dos Jogos", fazendo com que os sócios "joguem" uns com os outros enquanto exercem a atividade empresarial, mantendo-se "alertas" de forma constante sobre os eventuais movimentos de retirada dos demais sócios, o que pode prejudicar o bom andamento da atividade comercial, seu planejamento, seus investimentos e o pagamento de seus credores.

Esta situação pode ser pior ainda quando a sociedade enfrenta alguma dificuldade, ainda que de cunho pessoal e não financeiro. Neste sentido, Renato Ferreira dos Santos e Rafael de Moura Rangel Ney citam Joel Gonçalves de Lima Jr. para explicar a "Teoria dos Jogos" no pedido de retirada com apuração de haveres acrescido de juros na Sociedade Anônima, que pode ser utilizada aqui por analogia: *"os agentes econômicos (acionistas) tenderão a desertar antes que os outros desertem, o que é explicado pela Teoria dos Jogos. Vale dizer, se os acionistas não desertarem já, correrão o risco de que os outros acio-*

nistas desertem antes, hipótese em que deixará de tomar o proveito da condição de acionista retirante para amargar a condição de acionista remanescente".[3]

Quando isso acontece, os sócios que se retiram antes dos demais passarão à qualidade de credores, deixando os sócios remanescentes na qualidade de seus devedores, o que parece ser uma posição menos vantajosa, principalmente se considerarmos a oportunidade dos sócios retirantes de se dedicarem a novos negócios, enquanto os sócios remanescentes restarão imbuídos no compromisso de manter a empresa funcionando para fazer frente ao pagamento do sócio credor.

Ora, a constituição de uma sociedade objetivando um fim comum, através de contrato plurilateral, advém do princípio da autonomia da vontade das partes. Uma vez constituída, a sociedade assume deveres e obrigações, que não poderiam ser simplesmente abandonadas pelo sócio retirante, a não ser por uma justa causa.

Permitir que uma das partes "rescinda" este contrato a qualquer tempo e sem motivo, padece de importantes críticas, principalmente no que diz respeito à chamada perda da *affectio societatis,* que seria a perda da vontade dos sócios de se manterem na sociedade que constituíram por livre e espontânea vontade, objetivando a consecução de um fim comum, conforme explicam Erasmo Valladão e Marcelo Von Adamek. Vejamos: *"na realidade, o que pode embasar o pedido de 'dissolução parcial' da sociedade pelo sócio que deseja se retirar de sociedade, não é propriamente a quebra da* affectio societatis, *mas a inviabilidade de um sócio nela continuar, por efeito de alguma justa causa assim considerada judicialmente (CC, art. 1.059, par. ún.);ou por efeito de descumprimento dos deveres de lealdade, boa-fé e colaboração pelos demais sócios; ou em razão de qualquer outra hipótese de dissolução total não impositiva, desejando os demais sócios prosseguir na exploração da atividade social".*[4]

Marcelo Guedes Nunes também alerta para esta situação: *"Os efeitos do pagamento do reembolso na continuidade da empresa é o que denomino aqui controvérsia sobre o desinvestimento. A preocupação é a de que a sociedade não poderia*

---

3 NEY, Rafael de Moura Rangel. SANTOS, Renato Ferreira dos. *"Dissolução parcial" de sociedades anônimas: o posicionamento atual da 2ª Seção do STJ sobre o tema e a necessidade de sua revisão.* Revista de Direito Bancário do Mercado de Capitais e da Arbitragem, v. 68, p. 159-179, 2015. Ed. Thomson Reuters. Disponível em: http://www.gcouto.com.br/publicacao/dissolucao-parcial-de-sociedades-anonimas-o-posicionamento-atual-da-2a-secao-do-stj-sobre-o-tema-e-a-necessidade-de-sua-revisao/ Acesso em: 10 out. 2022.

4 FRANÇA, p. 157.

ficar sujeita à vontade potestativa de um sócio de se retirar e, com isso, forçar o desinvestimento de uma parcela do capital social".[5]

Com relação à "dissolução parcial" pelo falecimento, disposta no art. 1.028 do Código Civil, o desinvestimento compulsório referente às quotas do sócio falecido parece ser indiscutível, pois o evento não é voluntário, mas é possível sustentar a posição de que a sociedade também não pode ser considerada culpada pelo evento.

De qualquer maneira, a escolha pelo legislador de permitir a venda forçada da participação societária do sócio retirante a qualquer tempo, obrigando a sociedade a "adquirir" sua participação societária, apesar de causar certo desconforto se analisada do ponto de vista debatido, é a mais acertada. Isso porque o que faz atividade empresarial ser exitosa, gerando os frutos que dela se espera, gerando riqueza, pagando impostos, contratando funcionários e impactando positivamente para a economia do país é justamente a sinergia dos seus sócios, que estão imbuídos do mesmo objetivo.

Havendo qualquer espécie de conflito, ainda que de cunho pessoal e não financeiro, presume-se que a sociedade não atingirá, pelo menos adequadamente, seu fim social. Manter forçosamente um sócio que não deseja mais compor aquela sociedade, contra sua vontade, terá efeito ainda mais devastador na sua atividade empresarial, pois o sócio insatisfeito não promoverá a manutenção e a evolução daquela empresa como ente gerador de riqueza, que seria a obrigação de todos os sócios.

Esta manutenção forçada, se ocorrer, pode promover ainda mais conflitos por comportamentos inapropriados, inadequados e até ilegais, posto que o sócio descontente poderá concorrer deslealmente com a empresa, causar prejuízos internos, promover a desunião de colaboradores, dentre outras.

Assim é forçoso reconhecer que o legislador não teve outra saída, senão autorizar a retirada do sócio com a "dissolução parcial" da sociedade, sem necessidade de motivação, promovendo verdadeira venda forçada de sua participação societária em desfavor da sociedade.

Esta conclusão, no entanto, servirá de princípio básico para entender melhor a forma como a empresa deve ser avaliada na "dissolução parcial", evitando seu desvirtuamento, bem como que seja onerada para além do desinvestimento compulsório da exata participação social destacada, obedecendo-se rigorosamente a previsão legal e a escolha do legislador pela "avaliação patrimonial", conforme se verá mais adiante.

---

5 NUNES, *Dissolução...* p. 224.

06.03. Da escolha do legislador pelo valor patrimonial

Já vimos que o sócio que deseja "desertar", retirando-se da sociedade, pode ter mais benefícios que os sócios remanescentes, passando a se tornar credor da parte que lhe cabe no acervo social.

Além disso, o sócio que se retira da sociedade irá dispor de tempo integral para empreender de forma isolada e obter todo o lucro para si, sem ter que dividir os frutos de qualquer novo empreendimento com seus antigos sócios.

Enquanto isso, os sócios remanescentes sofrerão o desinvestimento da parte que cabe ao sócio retirante, o que muitas vezes dependerá de esforço em tempo integral para amealhar os valores que serão pagos na "apuração de haveres".

A isso se dá o nome de "custo de oportunidade". Os sócios remanescentes terão que investir todos os seus esforços para manter a sociedade em pleno funcionamento e ainda pagar o sócio retirante, enquanto este ficará na confortável posição de credor, sem ter que contribuir para alcançar justamente o faturamento necessário ao seu respectivo pagamento.

Se os sócios remanescentes pudessem se dedicar a um novo negócio exclusivo, toda a oportunidade e frutos deste trabalho se reverteriam apenas para eles e para a própria atividade, sem necessidade de pagamento ao antigo sócio.

Assim, qual seria o interesse dos sócios remanescentes em manter a sociedade funcionando, se todo este esforço poderia ser utilizado para a criação de um novo negócio, sem necessidade de divisão de frutos com o antigo sócio?

Esta dedicação também deve ser levada em consideração para a justa "apuração dos haveres" também a favor da sociedade.

Apesar dos lucros futuros da atividade comercial não se confundirem com o desinvestimento referente à quota parte do sócio retirante, falecido, excluído ou dissidente, fato é que dificilmente a empresa tem caixa suficiente para tanto, o que faz com que, na prática, esforço futuro seja necessário para fazer frente a este pagamento.

Ainda que assim não fosse, os sócios remanescentes terão que trabalhar com maior intensidade e vigor para repor o desinvestimento que sofreram, desviando o esforço que poderia ser utilizado para o crescimento futuro do negócio.

Isso leva a crer que o desinvestimento não pode ser temperado com elementos que o tornem ainda mais desvantajoso para a sociedade, ou seja, o princípio da vedação ao enriquecimento injustificado deve ser sopesado não só com a sobrevivência digna da empresa, mas também com a necessidade de que ela tenha caixa suficiente para progredir e crescer economicamente, principalmente no cenário em que se coloca de um mercado altamente competitivo.

Assim, o princípio da preservação da empresa deve ser ainda mais importante do que o pagamento justo ao sócio retirante, que escolheu dela se desvincular. Deve-se obedecer, também, a um "princípio da evolução empresarial", já que a sobrevivência digna da atividade comercial beneficiará ainda mais personagens do que o ex-sócio ou herdeiros do sócio falecido, como os seus colaboradores, seus credores e o fisco, por exemplo. A evolução comercial da atividade empresarial deve ser preservada e estimulada, beneficiando a economia em seu todo.

Portanto, já superadas as críticas relacionadas à retirada do sócio sem qualquer motivação, como já vimos, o mínimo que se espera da aplicação do "critério patrimonial" previsto em lei é que a empresa não seja prejudicada. Acredita-se que o legislador escolheu a "avaliação patrimonial" para a "apuração de haveres" em detrimento de qualquer outra forma de avaliação que expanda o seu valor para além da reposição justa do sócio credor, como a "avaliação econômica", por exemplo.

Assim, o sócio retirante, excluído ou dissidente deve receber a sua participação no capital social com bastante parcimônia, por meio de uma "avaliação patrimonial" sem expansão de métodos que ampliem o seu valor, sob pena de inverter-se a lógica dos princípios gerais do direito empresarial. O mesmo vale para os herdeiros do sócio falecido, ainda que sua retirada tenha sido involuntária, pois da mesma forma o foi para a sociedade.

Ora, a evolução histórica do direito empresarial caminhou justamente para o reconhecimento da preservação da empresa como ente gerador de riqueza, pagadora de impostos, empregadora de colaboradores e protagonista do ambiente em que atua. Permitir que o desinvestimento da participação societária do sócio retirante se expanda a ponto de prejudicar o bom andamento da atividade comercial é desvirtuar os pilares que nos trouxeram até aqui, discorridos no início deste trabalho, que deram preferência pela manutenção da empresa à sua dissolução total nos casos de retirada, exclusão, dissidência ou falecimento de um sócio. Sob qualquer prisma, deve-se dar preferência à sobrevivência digna da atividade empresarial em detrimento à remuneração justa do sócio que saiu.

E este desvirtuamento ocorre com certa frequência, justamente quando a avaliação pelo "valor patrimonial" escolhido pelo legislador é deturpado e expandido, demandando aprofundamento para melhor elucidação, conforme veremos mais adiante.

06.04. Da avaliação meramente contábil para fins de apuração de haveres

Como já vimos, fixados os critérios para "apuração de haveres" em conformidade com os art. 1.031 do CC de 2002 e art. 606 do CPC de 2015 temos, em tese, incontroversa a forma como será avaliada a empresa, que deverá ser feita por meio de uma "avaliação patrimonial".

Não é isso, no entanto, o que vemos na prática. Existe constante controvérsia sobre os elementos que devem compor os cálculos para se chegar ao "valor patrimonial" referido na lei, como antes mencionado, ou seja, se a avaliação deve ser feita por meio do "valor patrimonial real", pelo "valor patrimonial de mercado", pelo "valor econômico" ou até pelo "valor contábil".

Com relação aos termos "balanço de determinação" do art. 606 do CPC de 2015 e "balanço especial" do art. 1.031 do CC de 2002, como já vimos, não há muito o que debater.

O "balanço de determinação" nada mais é do que o balanço especialmente levantado, na data do evento de "dissolução parcial", para apurar-se os ativos e os passivos lançados e eventualmente não lançados na contabilidade, refletindo adequadamente o "valor patrimonial" da empresa.

Ocorre que a palavra "balanço" contida na referida lei pode levar ao entendimento de que o "balanço ordinário" da empresa seria adequado para apontar o valor da empresa para fins de "apuração de haveres".

Este, no entanto, não é o melhor entendimento e não costuma ter nenhuma sustentação, entendendo-se que os balanços ordinários não costumam refletir, adequadamente, o "valor patrimonial" da empresa. Neste sentido, Ivo Waisberg e Herbert Morgenstern Kugler explicam que, mesmo antes da promulgação do CPC/2015, quando o único artigo de lei que dispunha sobre a "apuração de haveres" era o art. 1.031 do Código Civil, não era permitida a utilização do balanço ordinário da empresa para estes fins: *"contudo, embora os arts. 606 do CPC/2015 e do 1.031 do Código Civil sejam distintos, em um aspecto primordial eles são comuns: a necessidade de levantamento de balanço específico e distinto do balanço ordinário da sociedade para a apuração dos haveres do sócio retirante".*[6]

E em outro trecho, explicam que o balanço ordinário da sociedade tem uma finalidade e um método diferente deste balanço especial previsto na

6 WAISBERG, IVO; KUGLER, Herbert Morgenstern. *Apuração de haveres na "dissolução parcial" envolvendo grupo de sociedades limitadas.* In: YARSHELL, Flávio Luiz; PEREIRA, Guilherme Setoguti J., coords. Processo societário III. São Paulo: Quartier Latin, 2018. p. 329.

lei: *"E a razão pela qual o legislador entendeu ser devido levantar balanço específico para apuração de haveres de sócio retirante é nítida: o balanço ordinariamente preparado pela sociedade, por ter finalidade e método distintos, não serve de base para o cálculo de apuração de haveres".*[7]

Marcelo Guedes Nunes também reforça este entendimento aduzindo que *"Ao fazer referência ao Balanço especial o art. 1031 do código civil está expressamente vedando a utilização de balanços ordinários anuais como base de apuração de haveres".*[8]

O balanço ordinário costuma refletir a situação patrimonial da sociedade para fins internos e acompanhamento da sua evolução patrimonial perante o fisco. Não é praxe que contemple, adequadamente, todos os ativos e passivos da sociedade, tangíveis e intangíveis. É o caso, por exemplo, de serviços ou produtos já faturados pela empresa, mas ainda não realizados, ou seja, não recebidos. A empresa pode optar por não lançar estes recebimentos, muitas vezes líquidos, certos e exigíveis, nos seus balanços ordinários, fazendo com que o seu patrimônio, em verdade, não esteja adequadamente refletido na contabilidade.

O mesmo acontece com relação a um determinado passivo, também líquido, certo e exigível, como uma condenação trabalhista de um colaborador, ainda que em fase de execução. A empresa também pode não ter lançado referida despesa no balanço ordinário, o que também deixa de refletir, adequadamente, o seu valor patrimonial. Neste sentido Ivo Waisberg e Herbert Morgenstern Kugler esmiúçam que o balanço especial da lei trará todas estas informações não incluídas no balanço ordinário: *"de modo ordinário, o balanço patrimonial não reflete o passivo contingente, mas apenas a provisão, ficando, quando muito, limitado o passivo contingente às notas explicativas devidas. Contudo, tal não ocorre no balanço de determinação, o qual, por buscar uma imagem mais real do patrimônio do ente, deve refletir, entendemos, o passivo contingente também".*[9]

Isso não significa dizer que o balanço ordinário não será considerado. Ao contrário. O balanço ordinário será "ajustado" pelo perito, após levantamento destes eventos não lançados, na data da ocorrência da "dissolução parcial", concluindo pelo "balanço de determinação" referido na lei.

Assim, percebemos que a avaliação pelo "valor patrimonial" determinada pelo legislador não concebe o balanço contábil como único a representar o valor que deverá ser pago na "apuração de haveres".

---

7 Idem.

8 NUNES, *"Dissolução...*, p. 246.

9 WAISBERG, p. 333.

Resta saber, portanto, qual é a melhor forma de calcular o "valor patrimonial" da sociedade referido na lei, conforme veremos adiante.

06.05. Do "valor patrimonial real" para fins de apuração de haveres

Antes da promulgação do CPC, o art. 1.031 do CC de 2002 já determinava a "liquidação" da quota com base na "situação patrimonial" da sociedade, "nos casos em que a sociedade se resolvesse em relação a um sócio". As jurisprudências do STF e do STJ, então, passaram a entender que esta liquidação deveria ser feita de forma mais ampla possível, como se dissolução total o fosse. (STF - RE nº 89.464-1/SP. 2ª Turma, Relator: Min. Cordeiro Guerra. Julgamento: 02/05/1979 e STJ - REsp nº 1.335.619/SP. 3ª Turma. Relatora: Minª. Nancy Andrighi, Julgamento: 03/03/2015).

Isso significava dizer que deveria ser realizada uma simulação de "dissolução total" da sociedade para fins de "apuração de haveres" e pagamento do sócio retirante, dissidente, excluído ou dos herdeiros do sócio falecido.

Com a promulgação do CPC de 2015, o art. 606 também passou a contemplar a mesma "avaliação patrimonial" da sociedade, como se a empresa estivesse sendo liquidada, especificando melhor que deveria avaliar-se *"bens e direitos do ativo, tangíveis e intangíveis, a preço de saída, além do passivo também a ser apurado de igual forma"*.

Para Marcelo Fernandez Trindade e Thiago Saddi Tannous, o art. 606 do CPC de 2015, no entanto, não inovou quanto ao que já dispunha o art. 1.031 do CC de 2002. Assim, *"(...) não nos parece que o art. 606 do Novo CPC tenha trazido inovações substanciais em relação ao art. 1.031 do Código Civil. Pelo contrário, todos os elementos tomados expressos no art. 606 do Novo CPC resultam da interpretação do art. 1.031".*[10]

Da simples leitura do dispositivo, combinando-o com o art. 1.031 do CC, portanto, é cristalino depreender que deve ser simulada a liquidação da sociedade e não a sua venda com a eventual continuação da atividade comercial, prevendo-se, inclusive, que "o ativo" deve ser avaliado "a preço de saída".

"O ativo" é uma palavra que indica um só elemento, que deve ser avaliado em uma simulação de liquidação da sociedade, e não vários elementos juntos sendo alienados a terceiros, que eventualmente podem dar conti-

---

10 TRINDADE, TANNOUS, *O art. 1.031...*, p. 534.

nuidade à atividade empresarial aproveitando-se da organização do "conjunto" de ativos.

Isso não significa dizer que o ativo individualmente avaliado será subfaturado ou depreciado apenas porque está sendo simulada uma liquidação da sociedade. O ativo deve ser "liquidado" a preço de mercado, mas como se estivesse sendo vendido separadamente, de forma isolada, e não como parte de um "conjunto" de ativos, com outros elementos da empresa para continuação da atividade empresarial. A isso se dá o nome de "avaliação patrimonial real".

Não fosse assim, também, outra forma não haveria de se avaliar "o ativo" "a preço de saída", primeiro porque não há como avaliar apenas "o ativo" em uma simulação de continuidade da atividade econômica, mas apenas em uma simulação de liquidação, e segundo porque não há como "sair" com o ativo sem liquidar a empresa.

Se o legislador tivesse pretendido simular uma alienação da sociedade com a continuidade da atividade empresarial, teria escolhido a expressão "conjunto dos bens e direitos do ativo, tangíveis e intangíveis, a preço de saída", e não apenas os "bens e direitos do ativo, tangíveis e intangíveis, a preço de saída" o que denota a escolha por uma avaliação individual de cada elemento.

Ademais, em uma simulação de compra e venda da empresa, o ativo não estaria "saindo" isoladamente como prevê a lei, mas faria parte de um todo a ser avaliado. Assim, avaliar os ativos de outra forma, qualquer que seja, não significaria dar comando à expressão "preço de saída" contida na lei.

À mesma conclusão se chega ao analisar a disposição do art. 1.031 do CC de 2002, que prevê a "liquidação" da quota e não a "venda" da quota. Como já dito, trata-se de mera ficção jurídica, uma simulação de liquidação da empresa. Neste sentido, Marcelo Guedes Nunes e Rodrigo Mendes Araújo[140] explicam que *"simula-se a dissolução total da sociedade, realizando-se ativo e passivo com base no seu valor de mercado/saída".*[11] Da mesma forma, explica Fábio Ulhoa Coelho, que praticamente no balanço de determinação *"é feita uma simulação da realização de todos os bens do ativo e da satisfação do passivo social, para mensurar quanto seria o acervo líquido da sociedade, caso ela fosse totalmente dissolvida e liquidada naquela data".*[12]

11 NUNES, Marcelo Guedes; ARAÚJO, Rodrigo Mendes de. *A Exclusão de Sócio na Limitada e o Projeto de Código de Processo Civil.* In: AZEVEDO, Luís André N. de Moura; CASTRO, Rodrigo R. Monteiro de (coord.). Sociedade Limitada Contemporânea. São Paulo. Quartier Latin, 2013. p. 621.

12 COELHO, *Curso...*, 2011.

Marcelo Guedes Nunes explica o que já foi dito, que a simulação de venda destes ativos deve ser feita a preço de mercado, pois na efetiva liquidação da sociedade os ativos realmente seriam liquidados a preço de mercado. Para o autor *"O balanço especial deve apropriar o passivo da sociedade e o ativo. O ativo, no entanto, será apropriado a valor de mercado, considerando não o preço de aquisição dos bens depreciados, mas o valor pelo qual eles seriam vendidos na data da dissolução".*[13]

A liquidação da uma sociedade, portanto, impõe a venda isolada de todos os seus ativos, para que o saldo obtido seja utilizado para pagamento dos seus passivos, também avaliados isoladamente, como eventuais rescisões contratuais dos estabelecimentos comerciais, rescisões de contratos de trabalho, quitação de eventuais impostos etc.

Seguindo este raciocínio lógico, o sócio retirante, dissidente, excluído ou falecido, não pode receber pela sua participação societária valor maior que receberia se a sociedade estivesse sendo liquidada, por expressa disposição de lei.

Esta conclusão lógica advinda da própria lei deve ser relembrada para a correta "apuração de haveres" na "dissolução parcial" da sociedade, conforme Marcus Elidius Michelli Almeida e Marcelle Silbiger Stefano explicam, ainda que com alguma ressalva. Nas palavras dos autores, *"a regra geral, mas que deve ser vista com cautela, é aquela que na apuração de haveres, o sócio não pode receber valor diverso do que receberia, como partilha, na dissolução total".*[14]

E na dissolução total, já vimos, não há continuidade da atividade empresarial. Também é possível depreender dos artigos de lei que não deve ser simulada a liquidação apenas dos ativos tangíveis, ou seja, daquilo que se pode tocar, mover ou transportar. Há casos de empresas que possuem ativos intangíveis, como marca, *know how* e patentes, que também devem fazer parte desta "simulação de liquidação".

Sobre a composição dos ativos intangíveis na "apuração de haveres", Marcelo Guedes Nunes discorre que *"o balanço especial pode se apropriar de ativos intangíveis não contabilizados originalmente, mas que perfazem uma parte importante do estabelecimento empresarial, como, por exemplo, marcas, patentes, modelos de utilidade, aviamento, nome comercial e carteira de clientes, para citar exemplificativamente alguns. Tais ativos intangíveis adquirem uma relevante im-*

---

13 NUNES, *Dissolução...*, p. 246.

14 ALMEIDA, STEFANO, *Questões...*, p. 339.

portância em sociedades prestadoras de serviço, capazes de uma elevada geração de caixa, mas com reduzidos bens contabilizados em seu ativo físico".[15]

Marcus Elidius Michelli de Almeida também explica que os ativos intangíveis devem compor a "simulação de liquidação" da sociedade, justificando que *"a apuração deve ser sempre da forma mais ampla possível, levando em conta o fundo de comércio, os bens corpóreos e incorpóreos, o* goodwill *da empresa".*[16]

Embora estes valores também devam compor a avaliação para fins de "apuração de haveres", a sua apropriação deve ser feita com bastante parcimônia, já que a liquidação de todos os ativos será apenas simulada, não obtendo a sociedade, portanto nenhuma contraprestação verdadeira para fazer frente à despesa com o pagamento dos haveres. Isso significa dizer que o valor será apenas estimado, e a sociedade obrigada a pagá-lo sem que efetivamente tenha liquidado os seus ativos ou recebido qualquer valor por eles, suficiente para fazer frente ao pagamento da quota parte do sócio retirante, excluído, dissidente ou falecido.

A problemática que se coloca, na prática, é que, na busca desenfreada pela avaliação dos ativos intangíveis, costuma-se incorporar elementos que não deveriam ser considerados na "apuração de haveres", distorcendo o critério legal, sob a fantasiosa justificativa de vedação ao enriquecimento injustificado da sociedade, esquecendo-se que, além de todos os argumentos já expedidos, ela não receberá nenhum valor pela simulação de sua liquidação.

Outra justificativa perigosa é a de que os ativos avaliados "a preço de saída" não refletem adequadamente o valor da sociedade, posto que a avaliação isolada de cada um dos elementos do ativo não permite encontrar o valor verdadeiro que eles alcançariam se fossem vendidos em conjunto.

Este argumento pode ser exemplificado na avaliação de um restaurante premiado, por exemplo, onde as mesas, cadeiras e utensílios de cozinha, se avaliados individualmente, "como se liquidação total fosse", alcançariam um valor muito menor do que se eles fossem avaliados em conjunto, ou seja, se todo o conjunto dos bens e direitos fossem adquiridos por um terceiro que deles pudesse tirar maior proveito econômico, utilizando o mesmo local para a prestação dos mesmos serviços, a mesma marca e o mesmo modo premiado de atendimento aos clientes, por exemplo.

Esta evolução no entendimento do valor justo da "apuração de haveres" faz sentido. Seu perigo, no entanto, reside no entendimento de que todo este conjunto de bens traz uma perspectiva de rentabilidade futura, o que

---

15 NUNES, *Dissolução...*, p. 246.

16 ALMEIDA, STEFANO, *Questões...*, p. 340.

eleva a "avaliação patrimonial" escolhida pelo legislador a uma verdadeira "avaliação econômica", o que não é permitido, conforme se verá adiante.

06.06. Do "valor patrimonial econômico" para fins de apuração de haveres

Vimos que a "dissolução parcial" foi uma construção jurisprudencial, depois acatada pelo legislador, tendo por fundamento maior o princípio da preservação da empresa.

A "dissolução parcial" acarreta, imediatamente, na transposição do ex-sócio ou dos herdeiros do sócio falecido à qualidade de credores da sociedade, que passa a ser devedora dos respectivos "haveres".

A controvérsia sobre a forma de cálculo do valor da participação societária do sócio retirante, excluído, dissidente ou falecido passou por algumas fases, evoluindo da mera "liquidação" da quota do art. 1.031 do CC de 2002 para a avaliação dos "bens e direitos do ativo, tangíveis e intangíveis, a preço de saída", do art. 606 do CPC de 2015, embora a jurisprudência já viesse aplicando o entendimento de que deveria ser simulada a liquidação da sociedade de forma mais ampla possível.

Assim, para o cálculo dos haveres, vimos que o correto seria avaliar a empresa como se estivesse sendo liquidada, avaliando-se os seus ativos individualmente, "a preço de saída" e os passivos de igual forma.

Ocorre que a avaliação do ativo e do passivo de forma isolada, "como se liquidação total fosse", passou a ser afastada, dando lugar a uma avaliação mais dinâmica, trazendo alguns equívocos na sua interpretação, sob o fundamento da vedação ao enriquecimento injustificado da sociedade.

A justificativa seria de que a liquidação não estaria ocorrendo de fato, mas estaria sendo apenas simulada, de forma que a sociedade se manteria com todo o conjunto dos ativos, tirando dele maior proveito econômico do que tiraria se fossem "liquidados" separadamente. Este "sobre preço", portanto, segundo a interpretação que passou a ser aplicada, deveria compor o cálculo dos haveres, evitado que a sociedade dele se aproveitasse em detrimento do sócio retirante, falecido, excluído ou dissidente. Esta avaliação mais dinâmica da sociedade, portanto, fundamenta-se no entendimento de que os ativos isolados valem menos do que em conjunto, ou seja, se todos os ativos, tangíveis e intangíveis fossem "liquidados" em conjunto, trariam resultados financeiros mais interessantes do que se fossem liquidados isoladamente.

Neste sentido, Marcus Elidius Michelli de Almeida cita Alfredo Rocco para explicar que, *"a propósito, é a oportuna manifestação de Rocco, quando menciona que a partir do momento em que 'a organização dos vários elementos da produção atinge um certo grau de eficiência, o valor do complexo organizado é superior ao da soma dos diferentes elementos que o compõem'".*[17]

Embora este entendimento faça algum sentido, com o passar do tempo ele se perdeu dos princípios gerais que norteiam a matéria, de forma que, além de avaliar os ativos em conjunto, como se o legislador tivesse permitido a simulação da continuação da atividade empresarial, passou-se à inclusão de uma perspectiva de lucro futuro advindo deste conjunto de ativos, o chamado "aviamento".

A inclusão da perspectiva de geração de lucro futuro para fins de "apuração de haveres", no entanto, transforma a "avaliação patrimonial" determinada em lei em uma verdadeira "avaliação econômica", como se a sociedade estivesse sendo vendida a terceiros para manutenção da atividade empresarial, e não que estivesse sendo liquidada, algo que claramente a lei não pretendeu e não permitiu.

Para elucidar como se deu a evolução deste entendimento, Rodrigo Octávio Broglia Mendes explica que, *"do ponto de vista jurisprudencial, firmou-se o entendimento de que, nesta avaliação patrimonial, deveria se considerar, também, o 'fundo de comércio'".*[18]

No mesmo sentido, Marcus Elidius Michelli de Almeida afirma que *"a apuração deve ser sempre da forma mais ampla possível, levando em conta o fundo do comércio, os bens corpóreos e incorpóreos, o* goodwill *da empresa".*[19]

O *goodwill* da empresa, segundo a jurisprudência do STJ, REsp n.º 1.499.772–DF, é o *"termo contábil utilizado para designar um patrimônio imaterial como marca e a imagem de mercado, a carteira de clientes, o* know-how *dos funcionários, entre outros. Em suma, o fundo de comércio".*

Percebe-se uma pequena confusão sobre o que seria exatamente o "fundo de comércio", se ele é um dos elementos do ativo da sociedade, se é o conjunto de todos os ativos, tangíveis e intangíveis da sociedade ou se ele é propriamente o chamado *goodwill.*

Para Rodrigo Octávio Broglia Mendes, no entanto, o "fundo de comércio" corresponderia aos *"bens intangíveis que compõem o patrimônio social (o pa-*

---

17 ALMEIDA, *Sociedade...*, p. 33.

18 MENDES, *Apuração...*, p. 648.

19 ALMEIDA, *Sociedade...*, p. 139.

trimônio imaterial)",[20] enquanto para Ivan de Sá Motta e João Carlos Hopp, o "fundo de comércio" *"abrange valores das mais diversas naturezas, tais como: mercadorias, instalações, móveis e utensílios, direito de arrendamento total ou parcial do respectivo local, freguesia, nome comercial, insígnia, marcas de fábrica ou comércio, patentes de invenção, modelos de utilidades e acervo de dívidas ativas e passivas, plantações e benfeitorias do solo passíveis do aproveitamento comercial, tudo, enfim, que possa constituir parte da propriedade comercial, industrial, agrícola ou individual"*.[21]

Já na visão do STJ, *"fundo de comércio nada mais é do que a soma de todos os elementos corpóreos e incorpóreos que constituem a sociedade empresária ou a elas são agregados durante sua existência jurídica ou social em certo local ou determinado tempo. Nele está incluído o chamado* goodwill, *ou aviamento, que pode ser definido como o eventual sobrevalor agregado à sociedade que exsurge da efetiva reunião ou organização de todos os seus bens. Trata se, assim, de espécie de atributo do estabelecimento resultante da eficiente articulação de bens em função da empresa, ou seja, de organização capaz de emprestar ao conjunto de bens um valor de mercado que se revele superior ao da simples soma do valor de cada um daqueles em separado"*. (REsp n.º 1.499.772 – DF (2014/0320772-6) – 21/05/2019 – Min. Ricardo Villas Bôas Cueva)

Além disso, o "fundo de comércio" muitas vezes é considerado como sendo o próprio estabelecimento comercial, que é "todo complexo de bens organizado, para exercício da empresa", segundo a definição do art. 1.142 do CC/2002.

A inclusão do "fundo de comércio" na avaliação da sociedade para fins de "apuração de haveres", no entanto, teria tido lugar, em um primeiro momento, apenas no contexto do falecimento do sócio, como justificativa de sua retirada involuntária, o que fez com que já tenha sido objeto de críticas. Neste sentido, relembra Rodrigo Octávio Broglia Mendes que *"o Recurso Extraordinário n.º 48.850, de 28.6.1962, relatado pelo Min. Luiz Gallotti, debateu o tema da inclusão ou não do fundo de comércio no pagamento dos haveres do sócio pré-morto. Nessa discussão, o fundamento aceito para a inclusão do fundo de comércio consistente no entendimento de que, uma vez que os herdeiros não poderão continuar na sociedade e, por essa razão, merecem ser "indenizados" pelo valor do*

---

20 MENDES, *Apuração ...*, p. 648.

21 MOTTA, Ivan de Sá; HOPP, João Carlos. *Fundo de comércio: sua conceituação legal e avaliação contábil.* 22.07.2015. Revista de Administração de Empresas. Disponível em: https://www.scielo.br/j/rae/a/XhfTfFPswcFSJXtvqcV7xvK/?lang=pt. Acesso em: 13.10.2022.

fundo de comércio – logo, a ratio juris *estaria na subtração involuntária do direito de continuar usufruindo daquele fundo de comércio".*[22]

No entanto, a inclusão do fundo de comércio para fins de "apuração de haveres", assim como a inclusão de outros ativos intangíveis, como a marca, patentes e *know-how*, caso entenda-se que não fazem parte do próprio "fundo de comércio", acabou sendo incorporada de vez pela jurisprudência, não só nos casos de falecimento, mas também nas demais hipóteses de "dissolução parcial". O problema, como já mencionado, é que se passou a considerar uma perspectiva de geração de lucro futuro como um dos elementos deste "fundo de comércio", transformando a "avaliação patrimonial" da sociedade em "avaliação econômica".

A perspectiva de geração de lucro futuro, como já vimos, é chamada de "aviamento" pela melhor doutrina. Rodrigo Octávio Broglia Mendes explica que o entendimento da jurisprudência de inclusão da perspectiva de geração de lucro futuro na avaliação da sociedade para fins de "apuração de haveres" se daria pelo entendimento de que o aviamento é um elemento do fundo de comércio, ao invés de considerá-lo um atributo, o que foi criticado por doutrinadores. Vejamos: *"a concepção de que o aviamento é elemento do estabelecimento empresarial permitiu a confusão quase intuitiva, de que o aviamento (fundo de comércio) deveria ser considerado, pois faz parte do patrimônio da sociedade. Esse entendimento foi criticado por Waldírio Bulgarelli, sobre o fundamento de que a jurisprudência adotava uma concepção equivocada de aviamento, na medida em que ele não pode ser considerado elemento do estabelecimento – portanto, parte integrante do patrimônio da sociedade – mas atributo".*[23]

Ainda assim, além do aviamento não constituir um elemento do fundo de comércio, mas sim um atributo, que pode ou não existir, a sua inclusão para fins de "apuração de haveres" transforma a "avaliação patrimonial" contida em lei em verdadeira "avaliação econômica", conforme entendimento da maior parte da doutrina especializada. Rodrigo Octávio Broglia Mendes explica: *"Ao se verificar a jurisprudência na tentativa de extrair dela uma regra, é possível construir o entendimento de que, ao incluir o aviamento, estar-se-ia indo de uma avaliação patrimonial, estabelecida pela lei, para uma econômica".*[24]

A inclusão da perspectiva de geração de lucro futuro na "apuração de haveres" parte do pressuposto de que ninguém liquidará uma empresa se ela puder ser vendida por um valor melhor em pleno funcionamento, abs-

---

22 MENDES, *Apuração...*, p. 648.

23 Idem.

24 Ibidem.

traindo por completo a construção anterior de que se trataria de mera simulação, seja da liquidação, seja da venda. Este é o entendimento de Marcus Elidius Michelli de Almeida ao defender a aplicação do método do fluxo de caixa descontado para melhor avaliar a empresa na "dissolução parcial". Conforme ensina o autor, *"em alguns casos, o critério de dissolução total se aplica corretamente (ninguém venderia uma empresa em funcionamento por menos que obteria se a fechasse) e em outros casos o critério do Fluxo de Caixa será o que melhor avaliará a sociedade (ninguém cerraria as portas de uma empresa se ela pudesse ser vendida por valor melhor em pleno funcionamento)".*[25]

Neste sentido, em razão da vedação ao enriquecimento injustificado da sociedade, esta não poderia se locupletar deste "sobrevalor" correspondente à continuidade da atividade comercial, devendo destacar parte dele para pagamento dos haveres ao sócio que se retirou. Para justificar seu entendimento, Marcus Elidius Michelli de Almeida cita Carlos Felisberto Garcia Martins para explicar que, *"na elaboração do Balanço de determinação, o perito deve buscar um valor econômico justo para a empresa avaliada; em decorrência disto é possível à aplicação do balanço de determinação juntamente com o fluxo de caixa descontado, método amplamente utilizado em negociações de fusão e aquisições, que melhor revela a situação econômica e a capacidade de geração de riqueza de uma empresa. A tarefa mais complexa para o perito avaliador é determinar o valor do* goodwill não adquirido, que será evidenciado no balanço *de determinação, que pode ser apurado via fluxo de caixa descontado, que apura o valor da empresa de forma global, refletindo o valor dos intangíveis que contribuíram para a geração de lucros e fluxos de caixas futuros".*[26]

Da simples leitura da citação, é possível depreender o entendimento de que, para fins de "apuração de haveres", deveria haver uma simulação da operação de "fusão e aquisição" da empresa, ignorando por completo a escolha da lei, a construção jurisprudencial e a lógica principiológica de que o correto é simular uma liquidação total para chegar ao seu "valor patrimonial". Segundo Rodrigo Octávio Broglia Mendes, a Jurisprudência também chegou a firmar este entendimento, no sentido de que deveria haver uma simulação de alienação da participação societária, conforme se verifica de parte do seguinte aresto: *"Os haveres do sócio retirante serão apurados por seu*

25 ALMEIDA, Marcus Elidius Michelli de. *Sociedade Limitada: Causas de "dissolução parcial" e apuração de haveres in Direito Processual Empresarial.* Rio de Janeiro: Elsevier, 2012. p. 139.
26 Idem.

valor real de mercado mediante perícias contábeis e de engenharia, ponto que o valor é o mesmo que seria se houvesse a alienação negocial da participação social".[27]

Ocorre que a inclusão do aviamento na "apuração de haveres" não foi permitida pelo legislador, que escolheu propositadamente uma "avaliação patrimonial" para apurar os haveres na "dissolução parcial", conforme bem explicam Marcelo Fernandez Trindade e Thiago Saddi Tannous; *"um balanço patrimonial, por mais que indique o valor dos ativos e passivos que integram o estabelecimento, não captura certos aspectos do valor da empresa, como seu potencial para gerar lucros, seu fluxo de caixa, ou mesmo uma comparação com outras sociedades que atuam no mesmo segmento"*.[28]

Além disso, como já vimos, a "avaliação econômica" também esbarra nos demais princípios que norteiam o Direito Empresarial, tais como *"a proteção do patrimônio para o exercício da atividade empresarial e os interesses de credores"*.[29]

Além das justificativas alhures, Marcelo Fernandez Trindade e Thiago Saddi Tannous explicam que a escolha do legislador pela "avaliação patrimonial" e não econômica é ainda mais clara quando se analisa a Lei das Sociedades Anônimas (Lei 6.404/76), onde o legislador escolheu explicitamente a expressão "valor econômico" para descrever uma determinada situação, nos casos de dissidência dos acionistas. Vejamos: *"para a apuração do valor de reembolso devido ao sócio retirante, o Código Civil poderia ter determinado a realização de uma avaliação que levasse em conta projeções futuras dos resultados da atividade empresarial. Poderia, por exemplo, como a Lei das S.A., ter falado em valor econômico. Mas não o fez. A clara opção legislativa foi por um "balanço especialmente levantado", "com base na situação patrimonial da sociedade,* à data *da resolução"*.[30]

E o legislador realmente escolheu pela nomenclatura "valor econômico" para descrever a situação de melhor reembolso possível nos casos de dissidência dos acionistas das Sociedades Anônimas, conforme se depreende do §1º do art. 45 da Lei das S.A.: *"art. 45. O reembolso é a operação pela qual, nos casos previstos em lei, a companhia paga aos acionistas dissidentes de deliberação da assembléia-geral o valor de suas ações. § 1º O estatuto pode estabelecer normas para a determinação do valor de reembolso, que, entretanto, somente poderá ser inferior ao valor de patrimônio líquido constante do último balanço aprovado pela assembléia-geral, observado o disposto no § 2º, se estipulado com base no valor econômico da companhia, a ser apurado em avaliação (§§ 3º e 4º)"*.

27 MENDES, p. 655.

28 TRINDADE, TANNOUS, *O art. 1.031 ...*, p. 501.

29 MENDES, p. 650.

30 TRINDADE, TANNOUS, *O art. 1.031...*, p. 494.

Da simples leitura do dispositivo, é possível depreender que o "valor econômico" é considerado mais abundante que o "valor patrimonial", tanto que pode substituí-lo nos casos de dissidência, onde subentende-se que há motivação na retirada do sócio. Se o legislador quisesse que a avaliação das quotas na "dissolução parcial" se utilizasse do método econômico, teria utilizado a mesma nomenclatura utilizada na Lei das S.A., já conhecida, e não a expressão "valor patrimonial".

A "avaliação econômica" é utilizada para precificar as empresas nas operações de fusões e aquisições, que claramente não é o caso, em se tratando de retirada, dissidência, exclusão ou falecimento do sócio. Marcelo Fernandez Trindade e Thiago Saddi Tannous explicam o conceito de "avaliação econômica": *"quando se fala em avaliação econômica da empresa, normalmente o que está em jogo não é a apuração de sua situação patrimonial – que, como dito, pode ser capturada por um balanço – mas sim o valor que se pode atribuir ao conjunto de bens organizado economicamente, seja para descobrir quanto esse conjunto gera de fluxo de caixa, seja para compará-lo com a avaliação atribuída a conjuntos similares em outras operações".*[31]

Ora, quando se está negociando uma empresa em uma típica operação de fusões e aquisições, o que importa não é apenas o seu valor patrimonial, mas sim a expectativa de geração de riqueza, de fluxo de caixa, de faturamento e pagamento de dividendos, o que se chama de "avaliação econômica".

A "avaliação econômica" da empresa, portanto, é aquela utilizada para fins de venda para continuação da atividade empresarial, e não para fins de pagamento dos haveres do sócio que se retirou ou faleceu, como propositadamente prescreveram os arts. 1.031 do CC de 2002 e 606 do CPC de 2015.

A "avaliação econômica" só faz sentido se um terceiro quiser adquirir a participação societária do sócio retirante, falecido, excluído ou dissidente, pois na simulação de liquidação, a sociedade não estará efetivamente alienando as respectivas quotas, ou seja, não receberá nenhum sobrevalor que possa justificar sua condenação a este pagamento.

O reconhecimento de que o aviamento ou a perspectiva de lucro futuro deve compor a "apuração de haveres" na "dissolução parcial" acaba por transformar a retirada, dissidência, exclusão ou falecimento do sócio em verdadeira simulação de compra e venda da empresa, o que não pode ser permitido, sob nenhum aspecto.

---

31 Idem.

Ademais, para Broglia Mendes, *"a atribuição ao sócio retirante de quantias que são estimadas como uma mera expectativa, sem que exista qualquer perspectiva de sua realização, pode levar a um cenário prejudicial à empresa"*,[32] prejudicando sua atividade comercial, desrespeitando o princípio maior que justamente autorizou a "dissolução parcial", que é o princípio da preservação da empresa.

Ademais, se houver o pagamento da perspectiva de lucro futuro da sociedade, o sócio retirante, falecido, excluído ou dissidente receberá o mesmo valor que receberia se ainda fosse sócio, sem correr os riscos da atividade comercial, o que não é vedado pelo art. 1.108 do Código Civil que dispõe que "é *nula a estipulação contratual que exclua qualquer sócio de participar dos lucros e das perdas*". Neste sentido, Mauricio Bunazar bem pontua que *"acolher a pretensão do sócio retirante de ver a sociedade avaliada por um critério cuja função principal é a de fornecer balizas para a precificação de negócios jurídicos de compra e venda de participação societária é quase que prestigiar o enriquecimento sem causa. Ora, mensurar quanto um sócio tem de crédito hoje a partir da perspectiva de lucro eventual que a sociedade possa ter amanhã é solução leonina, já que o sócio retirante não correrá o risco das perdas futuras; cláusula contratual que dispusesse que certo sócio terá direito a antecipação de predeterminados lucros futuros hipotéticos, mas não responderá por riscos futuros certamente esbarraria no art. 1.108 o Código Civil"*. [33]

Por fim, como já salientado, persistindo o entendimento de que o sócio receberá os mesmos valores que receberia se ainda estivesse na sociedade, por meio do pagamento de lucro futuro, ainda que com certo deságio, poderá ocorrer a chamada "Teoria dos Jogos", consistente na eventual deserção dos envolvidos em prejuízo da própria sociedade.

Se o sócio for remunerado pelos lucros futuros, ainda que não faça mais parte da sociedade, porque terá interesse em nela se manter, correndo os riscos da atividade empresarial e perdendo a oportunidade de empreender em novos negócios, cujos frutos não terão que ser divididos com seus antigos sócios?

Rodrigo Octávio Broglia Mendes cita Waldírio Bulgarelli para justificar que não faz sentido esta concepção. Vejamos: *"Waldírio Bulgarelli, em sua crítica, relembra que reembolso é o pagamento de quanto valem as quotas (também as ações) e o instituto não cuida de perdas ou ganhos; será o valor que for apurado, e com base no ativo líquido ou se se preferir do patrimônio líquido. [Além disso, assevera*

---

32 MENDES, 650.

33 BUNAZAR, *Notas*....

que] as regras relativas à retirada dos sócios, à apuração de haveres, à forma e prazo de pagamento, têm uma função clara de salvaguarda do patrimônio social, atuando como fator desanimante de despedida do sócio, procurando evitar a descapitalização pelo pagamento ao dissidente".[34]

Assim, a inclusão do aviamento ou da perspectiva de geração de lucro futuro na "apuração de haveres" (i) obriga a sociedade a pagar um preço correspondente a uma operação de fusões e aquisições; (ii) concede opção de venda sem prazo de exercício pelo valor negocial de uma operação de fusão e aquisição; (iii) transfere ao sócio retirante um valor potencial que não está sendo pago por terceiros; (iv) reduz o patrimônio da sociedade para além do seu valor patrimonial real, prejudicando sua atividade e (v) estimula a retirada imotivada, desestabilizando a sociedade.

Finalmente consciente dos aspectos negativos desta interpretação, o STJ firmou entendimento de que a perspectiva de geração de lucro futuro não foi uma escolha do legislador e não é aconselhável para fins de "apuração de haveres" na "dissolução parcial". No Recurso Especial n.º 1.877.331 – SP (2018/0226289-5), julgado em 13 de abril de 2021, o voto-vista vencedor, exarado pelo Ministro Ricardo Villas Boas Cuêva, bem consignou que a "apuração de haveres" é um *"valor, que deve ser, por força da lei, da doutrina e da jurisprudência, o mais próximo possível do real, ou seja, sem elementos arbitrários como as prognoses acerca de eventuais futuros e incertos (faturamento e lucratividade futuros, taxas de juros utilizada no desconto etc). Essa incerteza – que advém de fatores macroeconômicos (taxa de crescimento do PIB, taxa de juros, taxa de desemprego), jurídicos (normas regulatórias e normas que criem ou ampliem incidências tributárias) e também internos (a própria gestão da empresa) – torna, a meu ver, a metodologia do fluxo de caixa descontado desaconselhável na apuração de haveres do sócio dissidente".* (Recurso Especial nº 1.877.331/SP (2019/0226289-5) Relator: Ministro Nancy Andrighi. Órgão Julgador 3ª Turma)

Acatando o que já vinha construindo a melhor doutrina, o ministro signatário do mesmo voto vencedor confirmou que o legislador não escolheu a "avaliação econômica", correspondente à inclusão da expectativa de lucro futuro, quando normatizou a forma como deveria ser feita a "apuração de haveres". Vejamos:

> *"Acrescente-se, por fim, que, segundo os precisos comentários da doutrina, a expressão legal "bens intangíveis" (art. 606, caput, do CPC/2015) não comporta o aviamento, que consiste*

34 MENDES, p. 656.

> *na subjetiva capacidade do estabelecimento gerar lucros futuros, o que reforça o entendimento adotado pelo Tribunal local no sentido de excluir as expectativas futuras do cálculo do valor do fundo de comércio".* (Recurso Especial nº 1.877.331/SP (2019/0226289-5) Relator: Ministro Nancy Andrighi. Órgão Julgador 3ª Turma)

Ademais, o Ministro Paulo de Tarso Sanseverino, no mesmo julgamento, confirmou o entendimento de que a expectativa de lucro futuro é utilizada nas operações de fusões e aquisições. Vejamos:

> *"Com efeito, o valor encontrado a partir do método de fluxo de caixa descontado serve, em uma primeira negociação, apenas como referência e, evidentemente, não vincula o preço do negócio. O preço final será fixado a partir de inúmeras variáveis, podendo redundar em ágio ou deságio, a depender das estratégias envolvidas (reposicionamento de concorrentes no mercado, intenção de incremento de capital após a aquisição da sociedade, possibilidade de valorização de marca mediante implementação de estratégias de marketing etc.).* (Recurso Especial nº 1.877.331/SP (2019/0226289-5) Relator: Ministro Nancy Andrighi. Órgão Julgador 3ª Turma)

Da mesma forma, concluiu que o legislador escolheu propositadamente a "avaliação patrimonial" para fins de apuração de haveres, afastando a "avaliação econômica" referente à simulação de uma operação de fusões e aquisições. Vejamos:

> *"Conforme evidenciado pela evolução legislativa que redundou na adoção expressa do balanço de determinação como metodologia adequada, o legislador teve a preocupação de se afastar das ficções geradas pelos critérios exclusivamente contábeis, buscando se aproximar da realidade e levando em conta a finalidade específica do balanço:* ***reembolso de sócio retirante.*** *Percebe-se isso claramente no art. 1.031 do Código Civil, ao mencionar a* ***"situação patrimonial da sociedade,*** *à* ***data da resolução"****, bem como do art. 606 do CPC ao impor a adoção do* ***"valor patrimonial"*** *como referência, afastandoexpressamen-*

> *te a possibilidade de consideração do "valor econômico" na "apuração de haveres".* (Recurso Especial nº 1.877.331/SP (2019/0226289-5) Relator: Ministro Nancy Andrighi. Órgão Julgador 3ª Turma)

Por fim, o voto-vencedor do Ministro Ricardo Villas Boas Cuêva consignou o que já tratamos sobre as consequências desastrosas que a "avaliação econômica" pode trazer para os envolvidos. Vejamos:

> *"Nesse sentido, vale citar a mais recente doutrina, produzida já sob a égide do Código de Processo Civil de 2015, a corroborar que o critério legal (patrimonial) continua sendo o mais acertado, ao passo que o econômico (do qual deflui a metodologia do fluxo de caixa descontado), além de inadequado para o contexto da apuração de haveres, pode ensejar consequências perniciosas, tais como (i) desestímulo ao cumprimento dos deveres dos sócios minoritários; (ii) incentivo ao exercício do direito de retirada, em prejuízo da estabilidade das empresas, e (iii) enriquecimento indevido do sócio desligado em detrimento daqueles que permanecem na sociedade".* (Recurso Especial nº 1.877.331/SP (2019/0226289-5) Relator: Ministro Nancy Andrighi. Órgão Julgador 3ª Turma)

Acertada, portanto, é a posição mais atual do E. Superior Tribunal de Justiça, que acatou grande parte do entendimento da melhor doutrina, contemplando as melhores interpretações aqui sistematizadas, afastando-se em definitivo da inclusão da expectativa de lucro futuro para fins de "apuração de haveres" na "dissolução parcial".

CONCLUSÕES

A evolução da sociedade transformou a atividade empresarial, antes resumida a um meio de subsistência de seus próprios sócios, em uma importante ferramenta para o crescimento econômico do país.

Atenta à sua importância, a jurisprudência passou a proteger a empresa que a exercia, ainda que não houvesse dispositivo legal que orientasse neste sentido, reconhecendo a possibilidade de manutenção da sociedade quando um sócio dela se retirasse por qualquer motivo.

A esta proteção foi dado o nome de "princípio da preservação da empresa", nomenclatura até hoje utilizada para justificar a possibilidade de "dissolução parcial" da sociedade nos eventos de retirada, exclusão, dissidência ou falecimento de um sócio.

Este princípio foi abarcado pela Constituição Federal de 1988, que culminou com o direito positivado pelo CC de 2002 e pelo CPC de 2015, que passou a prever a forma como o sócio retirante, dissidente, excluído ou falecido deveria receber a quota parte que lhe cabe no acervo social da sociedade, ou seja, o valor correspondente às suas quotas sociais.

Como não poderia deixar de ser, a "dissolução parcial" da sociedade, com a respectiva "apuração dos haveres", passou a gerar outras controvérsias, que foram medidas pelo primeiro estudo empírico-estatístico realizado no Brasil, por meio da Jurimetria, nova disciplina do direito.

O resultado deste estudo foi objeto de sugestão de novas políticas públicas, que culminaram com a alteração dos regramentos legais atinentes ao procedimento que o juiz deve seguir nas ações judiciais de "dissolução parcial" de sociedade cumulada com "apuração de haveres", refletidos no CPC de 2015.

O objetivo do presente estudo, portanto, foi repetir o estudo empírico-estatístico anteriormente realizado, após a promulgação do CPC de 2015, com um corte referente ao Foro Central de São Paulo, para analisar se o novo regramento estava sendo aplicado pelos juízes somente com relação à fixação de critérios para a "apuração de haveres" nos eventos de "dissolução parcial" de sociedades. Por meio do antigo estudo, concluiu-se que mais de 60% das decisões judiciais não fixavam critérios para a "apuração de haveres" na "dissolução parcial", ou seja, em apenas 40% dos casos os juízes fixavam algum critério.

Já o estudo aqui refletido, demonstrou que os juízes fixaram critérios em 55% dos processos judiciais que correm perante o Fórum Central de São Paulo.

Não obstante tenha sido verificado um aumento de 37,5% nas decisões judiciais que fixam critérios para a "apuração de haveres" após o CPC de 2015, trazendo mais segurança jurídica e favorecendo o ambiente econômico em que as atividades empresariais estão inseridas, o estudo pretendeu demonstrar que este aumento foi um pouco tímido e que poderia ter sido ainda maior.

Concluído o trabalho empírico para os fins a que se propôs, o estudo buscou debater as controvérsias que ainda se instalam sobre a forma que devem ser calculado os "haveres" do sócio retirante, excluído, dissidente ou falecido, para melhor compreensão do tema.

Neste sentido, foi possível verificar que a avaliação da sociedade para fins de "apuração de haveres", da forma mais ampla possível, como vinha entendendo a jurisprudência, foi levada às últimas consequências com a inclusão da perspectiva de geração de receita ou de lucro futuro, passando-se a avaliar a empresa como se estivesse sendo vendida a terceiros, o que não foi a escolha do legislador, que escolheu, propositadamente, uma "avaliação patrimonial" e não "econômica".

Vimos que os eventos de retirada obrigam a sociedade ao pagamento da parcela patrimonial a que o sócio tem direito, sem que ela tenha, na maioria das vezes, contribuído para tanto. Já falamos que no falecimento, os herdeiros também não podem ser culpados por se tornarem credores da sociedade, mas tampouco a sociedade.

Nos casos de dissidência, se justificada e procedente, pode-se falar em indenização a favor do sócio dissidente, a ser apurado adequadamente com base nos princípios gerais da responsabilidade civil, mas jamais pode se confundir com uma punição em desfavor da empresa, expandindo a forma como ela deve ser avaliada, mesmo porque não há qualquer previsão legal para tanto.

Estando a sociedade em uma posição desvantajosa, já que é obrigada inesperadamente ao pagamento da parcela patrimonial a que o sócio tem direito na "dissolução parcial", onerá-la ainda mais com a inclusão de expectativa de lucros futuros na "apuração de haveres" não parece ser o melhor caminho.

Ademais, a inclusão da projeção de lucros futuros, como debatido exaustivamente, só faria sentido em uma avaliação econômica da empresa, que claramente não foi a escolha do legislador.

Assim, não há que se falar em considerar o futuro da empresa numa avaliação patrimonial, que reflete a situação da sociedade de maneira estática, como uma foto da empresa na data de retirada do sócio.

Já avaliação da empresa pelo valor econômico considera o futuro, avaliando a situação da sociedade de maneira dinâmica. O sócio que não faz mais parte da sociedade não corre mais os riscos da atividade empresarial, motivo pelo qual não pode ser remunerado como se sócio fosse, ainda que se aplique um deságio sobre os valores futuros que, sobretudo, são apenas potenciais.

Ainda que o legislador, consciente dos conflitos que se instalaram, tenha escolhido propositadamente a nomenclatura correta para determinar a forma como devem ser realizados os cálculos na "dissolução parcial", por meio de uma "avaliação patrimonial" e não "econômica", depreende-se grande oscilação na doutrina e na Jurisprudência quanto à inclusão do chamado aviamento no cálculo dos "haveres" do sócio.

No entanto, é possível afirmar com segurança que a atual jurisprudência do STJ afastou a inclusão da projeção de lucros futuros no cálculo de "apuração de haveres" de forma acertada e em consonância com os princípios gerais que regem o direito empresarial.

Basta os operadores do direito se aprofundarem um pouco mais na matéria e buscarem a correta aplicação da lei que beneficiarão a todos, trazendo segurança jurídica e certeza quanto aos critérios que serão aplicados nos eventos de "dissolução parcial" de sociedade.

Com isso, o ambiente empresarial se tornará mais seguro, trazendo mais investimentos e colaborando para o crescimento econômico do país.

REFERÊNCIAS

ALMEIDA, Amador Paes D. *Manual das Sociedades Comerciais - Direito de Empresa.* 21ª ed. São Paulo: Saraiva, 2018.

ALMEIDA, Marcus Elidius Michelli de. *Sociedade Limitada: Causas de "dissolução parcial" e apuração de haveres in Direito Processual Empresarial.* Rio de Janeiro, Elsevier, 2012.

_______, STEFANO, Marcelle Silbiger. *Questões polêmicas sobre apuração de haveres na "dissolução parcial" de sociedade limitada – análise segundo a jurimetria.* Revista de Direito Bancário e do Mercado de Capitais. São Paulo: RT, 2014.

ALVES, Alexandre Ferreira de Assumpção; TURANO, Allan Nascimento. *Resolução da sociedade limitada em relação a um sócio e a ação de "dissolução parcial".* Curitiba: Juruá, 2016.

ARAÚJO, Fabio Caldas de. *Ação de "dissolução parcial" de sociedade no novo CPC (LGL\2015\1656).* Revista de Direito Recuperacional e Empresa, São Paulo, 2017.

BASTOS, Freitas. *Código de Processo Civil Interpretado.* vol. VII, Rio de Janeiro, 1940.

BARBI FILHO, Celso. *"Dissolução parcial" de Sociedades Limitadas.* Belo Horizonte: Mandamentos, 2004.

BOCCHINI, Bruno. *Sociedades limitadas impulsionam abertura de empresas, mostra pesquisa.* Disponível em: https://agenciabrasil.ebc.com.br/economia/noticia/2021-06/sociedades-limitadas-impulsionam-abertura-de-empresas-mostra-pesquisa. Acesso em: 01 mar. 2021.

BUENO, Cassio Scarpinella. *Ação de "dissolução parcial" de sociedades.* In: BUNAZAR, Mauricio. *Notas sobre as cláusulas de apuração e pagamentos de haveres insertas em contratos sociais.* 13 de setembro de 2021. Disponível em: https://www.migalhas.com.br/coluna/migalhas-contratuais/351477/clausulas-de-apuracao-e-pagamentos-de-haveres-em-contratos-sociais. Acesso em: 10 out. 2022.

BUSHATSKY, Daniel Bushatsky. *Princípio da preservação da empresa.* Enciclopédia jurídica da PUC-SP. Celso Fernandes Campilongo, Alvaro de Azevedo Gonzaga e André Luiz Freire (coords.). Tomo: Direito Comercial. Fábio Ulhoa Coelho, Marcus Elidius Michelli de Almeida (coord. de tomo). São Paulo: PUCSP, 2017. Disponível em: https://enciclopediajuridica.pucsp.br/verbete/220/edicao-1/principio-da-preservacao-da-empresa. Acesso em: 01 de mar. 2022.

CAMARGO, Angélica Ricci. *Mesas de Inspeção. MAPA, Arquivo Nacional.* Ago. 2011. Publicado 02 set. 2021. Disponível em: http://mapa.an.gov.br/index.php/dicionario-periodo-colonial/209-mesas-de-inspecao. Acesso em 12.10.2022.

CARVALHOSA, Modesto Souza Barros. *A ação de "dissolução parcial" de sociedade.* Revista de Informação Legislativa, Brasília, n. 190, t. 1, p. 141-155, abr.-jun. 2011. v. 48.

CERVI, R. de M. *Planejamento e Avaliação Educacional.* 2ª ed. Curitiba: IBPEX, 2008

CRESWELL, J. W. *Projeto de pesquisa: Métodos Qualitativo, Quantitativo e misto.* 3ª ed. Porto Alegre: Artmed, 2010.

COELHO, Fábio Ulhoa. *A ação de "dissolução parcial" de sociedade.* Revista de Informação Legislativa, Brasília, v. 48, n. 190, p. 141-155, abr./jun. 2011.

. *A dissolução de Sociedades no Código de Processo Civil.* In: YARSHELL, Flávio Luiz; PEREIRA, Guilherme Setoguti J. (Coords.). Processo Societário – Volume III. São Paulo: Quartier Latin, 2012.

. *A sociedade limitada no novo Código Civil.* São Paulo: Saraiva, 2003.

. *Curso de direito comercial.* 19ª ed. São Paulo. Saraiva, 2015.

. *Dissolução de sociedade e o novo CPC (LGL\2015\1656).* 02/12/2010. Disponível em: https://supremoemdebate.blogspot.com/2010/12/dissolucao-de-sociedade-e-o-novo-cpc.html. Acesso em: 07 mai. 2022.

. *"Dissolução parcial" na sociedade limitada.* In: COELHO, Fábio Ulhoa (coord.). Tratado de direito comercial. São Paulo: Saraiva, 2015.

. *Manual de Direito Comercial. Direito de Empresa.* 23ª ed. São Paulo: Saraiva, 2011.

. *Tratado de Direito Comercial.* São Paulo: Saraiva, 2015.

. *O princípio da preservação da empresa na interpretação da lei de recuperação de empresas.* Revista Eletrônica de Direito, no2, jun. 2014. Disponível em https://cije.up.pt/pt/red/edicoes-anteriores/2014-nordm-2/o-principio-da-preservacao-da- empresa-na-interpretacao-da-lei-de-recuperacao-de-empresas/ Acesso em: 11 de jan. 2022

_______, NUNES, Marcelo Guedes. *Carta de apoio ao novo CPC sugere procedimento especial para tratar da "dissolução parcial" de sociedade.* São Paulo, 22 de novembro de 2012. Disponível em: https://www.migalhas.com.br/quentes/168124/carta-de-apoio-ao-novo-cpc-sugere-procedimento-

-especial-para-tratar-da-dissolucao-parcial-de-sociedade. Acesso em: 01 de mar. 2022.

DALSENTER, Thiago. *Breves considerações acerca do princípio da preservação da empresa como limitação ao poder de tributar e seus reflexos na legislação tributária.".*

2011. Disponível em (https://www.migalhas.com.br/depeso/140719/breves--consideracoes-acerca-do-principio-dapreservacao-da-empresa-como-limitacao-ao-poder-de-tributar-e-seus- reflexos-na-legislacaotributaria) Acesso em: 14 de fev. de 2022.

DIDIER Jr., Fredie. *Novas Tendencias do Processo Civil. Estudos sobre o Projeto do novo Código de Processo Civil.* São Paulo: JusPodivm, 2014. 3 vol.

ESTRELA, Hernani. *Apuração de haveres de sócio.* 5ª ed. Rio de Janeiro. Forense, 2010.

FERREIRA NETO, Ermiro. *Notas sobre o procedimento de "dissolução parcial" de sociedade no novo Código de Processo Civil (LGL\2015\1656) à luz do direito material.* In: DIDIER JÚNIOR, Fredie; EHRARDT JÚNIOR, Marcos; MAZZEI, Rodrigo. (Org.).

Coleção repercussões do Novo CPC (LGL\2015\1656). Salvador: JusPodivm, 2016,

FONSECA, Priscila M. Corrêa da. *"Dissolução parcial", retirada e exclusão de sócio.* 5ª ed. São Paulo: Atlas, 2012.

FORGIONI, Paula A. *Teoria geral dos contratos empresariais.* São Paulo: RT, 2009.

FRANÇA, Erasmo Valladão Azevedo e Novaes; ADAMEK, Marcelo Vieira Von. *Da ação de "dissolução parcial" de sociedade: comentários breves ao CPC/2015.* [S.l: s.n.], 2016.

GRAHAM, Richard. *Grã-Bretanha e o início da modernização no Brasil.* São Paulo: Brasiliense, 1973.

GONCALVES NETO, Alfredo de Assis. *Direito de empresa (comentários aos arts. 966 a 1.195 do Código Civil.* 2ª ed. São Paulo: RT, 2011.

_______. *Lições de direito societário: regime vigente e inovações do novo Código Civil.* 2ª ed. São Paulo: Juarez de Oliveira, 2004.

GUILHARDI, Pedro. *Apuração de haveres e o Código de Processo Civil. Revista de Direito Bancário e Mercado de Capitais.* vol. 75/2017, p. 219-257, Jan – Mar 2017.

HOBSBAWM, Eric J. *A Era do capital: 1848-1875.* Tradução de Luciano Costa Neto. Rio de Janeiro, Paz e Terra, 2ª ed. 1979.

IBELLI, Renato Carbonari. *Tempo médio para abertura de empresa equivale a 3 dias e 21 horas.* Disponível em: https://dcomercio.com.br/publicacao/s/tempo-medio-para-abertura-de- empresa-equivale-a-3-dias-e-21-horas. Acesso em: 12 de dez. 2021.

LEMOS JUNIOR, Eloy Pereira. *Empresa & função social.* Curitiba: Juruá, 2009.

LUCCA, Newton de. *A recuperação judicial à luz da preservação da empresa.* In: LUCCA, Newton de; VASCONCELOS, Miguel Pestana de (Coord.). Falência, insolvência e recuperação de empresas: estudos luso-brasileiros. São Paulo: Quartier Latin, 2015.

LUCON, Paulo Henrique dos Santos. *"Dissolução parcial" e apuração de haveres.* In: KUYVEN, Luiz Fernando Martins (coord.). Temas essenciais de direito empresarial: estudos em homenagem a Modesto Carvalhosa. São Paulo: Saraiva, 2012.

MAMEDE, Gladston. *Direito empresarial brasileiro: empresa e atuação empresarial.* 6ª ed. São Paulo: Atlas, 2019.

MARINONI, Luiz Guilherme; ARENHART, Sérgio Cruz; MITIDIERO, Daniel. *Novo Curso de Processo Civil.* São Paulo: RT, 2015.

MAZZEI, Rodrigo; GONCALVES, Tiago Figueiredo. *Visão geral dos procedimentos especiais.* In: Cassio Sarpinella Bueno. (Org.). PRODIREITO. *Direito Processual Civil. Programa de atualização em Direito: Ciclo 1.* Porto Alegre: Artmed Panamericana, 2015.

MENDES, Rodrigo Octávio Broglia. *Apuração de Haveres na Retirada do Sócio e Fundo de Comércio (Aviamento).* In: Flávio Luiz Yarshell; Guilherme Setoguti J. Pereira. (Org.). Processo Societário. São Paulo: Quartier Latin, 2012.

MEDEIROS NETO, Elias Marques de. *Notas sobre a ação de "dissolução parcial" de sociedade.* Disponível em: https://www.migalhas.com.br/coluna/cpc-na-pratica/296689/notas-sobre-a-acao-de-dissolucao-parcial-de-sociedade. Acesso em: 21.02.2019.

MOTTA, Ivan de Sá; HOPP, João Carlos. *Fundo de comércio: sua conceituação legal e avaliação contábil.* 22 de julho de 2015. Revista de Administração de Empresas. Disponível em: https://www.scielo.br/j/rae/a/XhfTfFPswcFSJXtvqcV7xvK/?lang=pt. Acesso em: 13 out. 2022.

MIOTTO, Carolina Cristina. *A evolução do direito processual civil brasileiro: de 1939 à análise dos objetivos visados pelo projeto de Lei i n. 8.046 de 2010.* Revista da UNIFEBE, Brusque, n. 11, p. 1-19, jan/jul. 2013. Disponível em:

http://periodicos.unifebe.edu.br/index.php/revistaeletronicadaunifebe/article/viewFile/135/66. Acesso em: 14 de fev. 2022.

NERY JUNIOR, Nelson. *Comentários ao* Código de Processo Civil. São Paulo: RT, 2005.

NEY, Rafael de Moura Rangel, SANTOS, Renato Ferreira dos. *"Dissolução parcial" de sociedades anônimas: o posicionamento atual da 2ª Seção do STJ sobre o tema e a necessidade de sua revisão.* Revista de Direito Bancário do Mercado de Capitais e da Arbitragem, v. 68, p. 159-179, 2015.Ed. Thomson Reuters. Disponível em: http://www.gcouto.com.br/publicacao/dissolucao-parcial-de-sociedades-anonimas-o-posicionamento-atual-da-2a-secao-do-stj-sobre-o-tema-e-a-necessidade-de-sua-revisao/. Acesso em: 10 out. 2022.

NOGUEIRA, Michelle. *História do comércio.* 2015. Disponível em: https://www.estudopratico.com.br/historia-do-comercio/. Acesso em: 16 de jan. de 2022.

NUNES, Marcelo Guedes. *Associação Brasileira de Jurimetria: Um ano e meio das varas empresariais de São Paulo: uma iniciativa de sucesso.* 02 set. 2019. Disponível: https://lab.abj.org.br/posts/2019-09-02-um-ano-e-meio-das-varas-empresariais-de-so-paulo-uma-iniciativa-de-sucesso/ 12 dez. 2021.

_______, ARAÚJO, Rodrigo Mendes de. *A ação de "dissolução parcial" de sociedade no Projeto de Código de Processo Civil.* In DIDIER JUNIOR, Fredie et al. *Novas Tendências do processo civil – estudos sobre o Projeto do novo Código de Processo Civil.* vol. III. São Paulo: JusPodivm, 2014.

_______, _______. *A Exclusão de Sócio na Limitada e o Projeto de Código de Processo Civil.* In: AZEVEDO, Luís André N. de Moura; CASTRO, Rodrigo R. Monteiro de (coord.). *Sociedade Limitada Contemporânea.* São Paulo: Quartier Latin, 2013.

_______. *"Dissolução parcial" na sociedade limitada.* In: COELHO, Fábio Ulhoa (coord.). *Tratado de direito comercial.* São Paulo: Saraiva, 2015.

_______. *Jurimetria aplicada ao direito societário: um estudo estatístico da dissolução de sociedade no Brasil.* 2012. 389 f. Tese (Doutorado em Direito) - Pontifícia Universidade Católica de São Paulo, São Paulo, 2012

_______. *Sobre a revogação do procedimento de dissolução total de sociedades pelo CPC.* Disponível em: https://www.jota.info/opiniao-e-analise/Art.s/sobre-a-revogacao-do-procedimento-de-dissolucao-total-de-sociedades-pelo-cpc-16102019. Acesso em: 21.03.2022.

NUNES, Márcio Tadeu Guimarães. *"Dissolução parcial", exclusão de sócio e apuração de haveres nas sociedades limitadas: questões controvertidas e uma proposta de revisão dos institutos*. São Paulo: Quartier Latin, 2010.

OLIVEIRA, Maria Luiza Ferreira de. *Entre a casa e o armazém. Relações sociais e experiência da urbanização: São Paulo, 1850-1900*. São Paulo: Alameda, 2005.

PACHECO, José da Silva. *Evolução do processo civil brasileiro: desde as origens até o advento do novo milênio*. 2ª ed. Rio de Janeiro: Renovar, 1999.

PARGENDLER, Mariana. *O direito societário em ação: análise empírica e proposições de reforma*. Revista de Direito Bancário e do Mercado de Capitais, 2013.

PENTEADO, Mauro Rodrigues. *Dissolução e liquidação de sociedades*. 2ª ed. São Paulo: Saraiva, 2000.

PEREIRA, Daniella Barbosa. PEREIRA, Marcela de Souza. MAIA, Luciano Soares. *A teoria da empresa e o novo paradigma do direito empresarial brasileiro*. Disponível em: http://webcache.googleusercontent.com/search?q=cache:CDeCKoccTzYJ:www.fepeg2018.un imontes.br/anais/download/7b7c7da2-c132-4988-b439-50142a3a8d74&cd=1&hl=pt-BR&ct=clnk&gl=br. Acesso em: 12 out. 2022.

PEREIRA, Marcondes. *Regime dissolutório do Código comercial*. Justitia/ Ministério Público de São Paulo, n. 172, p. 115-135, out./dez. 1995. v. 57.

PICARDI, Nicola; NUNES, Dierle. O Código de Processo Civil *brasileiro: origem, formação e projeto de reforma*. In: Revista de informação legislativa, v. 48, n. 190, abr./jun. 2011, pp. 97-98. Disponível em: http://www2.senado.leg.br/bdsf/item/id/242945. Acesso em: 15 maio 2022.

PRADO JUNIOR, Caio. *História econômica do Brasil*. 43ª ed. São Paulo: Brasiliense. 2012.

RAMOS, André Luiz Santa Cruz. *Direito empresarial esquematizado*. São Paulo: Método, 2011.

REQUIÃO, Rubens. *A preservação da sociedade comercial pela exclusão do sócio*. Curitiba: Papelaria Requião Limitada, 1959.

_______. *Curso de direito comercial*. 31ª ed. São Paulo: Saraiva, 2012.

SAES, Flávio Azevedo Marques. *Crédito e bancos no desenvolvimento da economia paulista, 1850-1930*. São Paulo: Instituto de Pesquisas Econômicas, 1986.

_______, SAES, Alexandre Macchione. *História econômica geral*. São Paulo: Saraiva, 2013.

SILVA, Gustavo da. *Elementos da História do Processo Civil brasileiro: Do Código de 1939 ao Código de 1973*. In: Revista Justiça e História, seção: memorial judiciário gaúcho, 20 jan. 2012.

SODRÉ, Nelson Werneck. *Panorama do Segundo Império*. 2ª ed. Rio de Janeiro: Graphia, 1998.

SPINELLI, Luís Felipe. *Exclusão de sócio por falta grave na sociedade limitada*. São Paulo: Quartier Latin, 2015.

SCHLINTWEIN, Déborah; MENEGHETTI, Tarcísio Vilton. *A Dissolução Total da Sociedade Empresária*. Revista Eletrônica de Iniciação Científica. Itajaí, Centro de Ciências Sociais e Jurídicas da UNIVALI. v. 5, n.1, p. 219-236, 1º Trimestre de 2014. Disponível em: www.univali.br/ricc - ISSN 2236-5044. Acesso em: 01 de mar. de 2019.

SCHMITZ, Leonard Ziesemer; BERTONCINI, Rodrigo Junqueira. *A ação de "dissolução parcial" de sociedades no CPC/2015 (LGL\2015\1656): aspectos destacados de direito material*. Revista de Direito Privado, São Paulo, p. 211-236, out. 2016. v. 70.

THEODORO JÚNIOR. Humberto. *Curso de direito processual civil*. 50ª ed. Rio de Janeiro: Forense, 2016.

TRINDADE, Marcelo Fernandez, TANNOUS, Thiago Saddi. *O art. 1.031 do Código Civil e a sua Interpretação*. In: YARSHELL, Flávio Luiz; PEREIRA, Guilherme Setoguti J. *Processo Societário II*. São Paulo: Quartier Latin, 2015.

VASCONCELOS, Miguel Pestana de (Coord.). *Falência, insolvência e recuperação de empresas: estudos luso-brasileiros*. São Paulo: Quartier Latin, 2015.

WAISBERG, IVO; KUGLER, Herbert Morgenstern. Apuração de haveres na "dissolução parcial" envolvendo grupo de sociedades limitadas. In: YARSHELL, Flávio Luiz; PEREIRA, Guilherme Setoguti J., coords. *Processo societário III*. São Paulo: Quartier Latin, 2018.

WAMBIER, Teresa Arruda Alvim. CONCEIÇÃO, Maria Lúcia Lins. RIBEIRO, Leonardo Ferres da Silva. TORRES de MELLO, Rogério Licastro. *Primeiros Comentários ao Novo Código de Processo Civil*. 1ª. Edição. São Paulo: RT, 2015.

YARSHELL, Flávio Luiz. *A opção (feliz) do Projeto de CPC pela disciplina do procedimento especial de "dissolução parcial" de sociedade*. São Paulo: Carta Forense, 99, agosto, p. A-4, 2011.